U0910939

易知行管理咨询丛书

场景管理

互联时代的管理新逻辑

陈强　张哲◎著

CHANGJINGGUANLI

HULIANSHIDAIDEGUANLI XINLUOJI

图书在版编目（CIP）数据

场景管理：互联时代的管理新逻辑 / 陈强，张哲著．—北京：企业管理出版社，2019．7

ISBN 978－7－5164－1974－8

Ⅰ．①场…　Ⅱ．①陈…②张　Ⅲ．①企业管理—研究　Ⅳ．①F272

中国版本图书馆 CIP 数据核字（2019）第 125275 号

书　　名： 场景管理：互联时代的管理新逻辑
作　　者： 陈　强　张　哲
责任编辑： 刘一玲　崔立凯
书　　号： ISBN 978－7－5164－1974－8
出版发行： 企业管理出版社
地　　址： 北京市海淀区紫竹院南路 17 号　　**邮　　编：** 100048
网　　址： http：//www. emph. cn
电　　话： 总编室 68701719　发行部 68414644　编辑部 68701322
电子信箱： 80147@ sina. com　zbs@ emph. cn
印　　刷： 北京市青云兴业印刷有限公司
经　　销： 新华书店
规　　格： 710 毫米×1000 毫米 16 开本 13 印张 150 千字
版　　次： 2019 年 7 月第 1 版　　2019 年 7 月第 1 次印刷
定　　价： 45.00 元

版权所有　翻印必究·印装有误　负责调换

序　言
——基于场景的组织管理

作为一名长期从事管理工程学科教学与科研的工作者，在传播经典管理理论与探讨管理新理论的实践中，我确信有两件事非常有价值：一个是基于过去研究成果的创新与突破；另一个是将管理方法论在社会范围内进行更广泛的传播，通过大量的管理实践反馈进行管理创新。这本书的研究成果，正是基于这样的实践与研究而来。

一、本书提出了场景管理这一概念，力图基于场景重构组织管理

我们知道，传统企业管理伴随人类社会进入工业社会而诞生，工厂主再也不能像小作坊一样通过“人盯人”实施管理，而是通过增设专门的职能部门，将管理专业化，以匹配日益扩大的企业规模。在这个进程中，组织强调分工协作，以泰勒为代表的“效率顾问”们，通过分析操作工的节拍、动作及协作方式，总结了一套成熟的工厂管理模式，极大地提升了工厂的生产效率，科学管理开始深入人心。

一百多年来，企业职能式组织管理经过不断演进，在企业成长发展的过程中发挥了极为重要的作用。但同时，也面临日益严峻的挑战，出现了组织僵化深井效应、决策与执行效率低下、组织凝聚力下降等现象，这就促使我们不得不去

思考，在万物互联的时代，基于传统工业时代背景的组织管理理论，在组织生存的内外部环境都出现了巨大变化的形势下，是否需要重新构建？组织重构的基础又是什么？

本书从场景视角出发，提出了基于场景重构组织的观点，个人深以为然。

书中指出随着商业的演进，用户场景不断丰富，而任何成功的产品，实际上都是占据了某一用户场景，并且在场景中满足了用户诉求。场景是一个现实的纽带，将组织与用户需求连接起来，在未来的商业世界里，越来越多的企业会把竞争的重点放到对场景中用户行为与用户数据的洞察、分析与解读上，围绕场景建立企业生态。一家企业赖以生存的根本只是因为他们在某一用户场景中能够用更好的商业模式更有效地满足用户需求，提供更大的用户价值。

当组织确定了用户需求之后，对内部来讲，就是通过资源的转化，来交付有价值的产品与服务。组织对内的管理就是对依附于组织的各类资源设计高效、有序的运行机制来保障最终结果的产出，以及过程中价值的创造与增值。因此，概括来讲，场景管理就是在外部的用户场景中，管理用户期望；在内部的协作场景中，管理价值交付。

二、对于场景管理，本书总结提炼了六大管理要素

一套知识理论的正确可行，通常需要经过自洽、他洽，以及续洽这三道逻辑检验。自洽指的是这套理论本身能够自圆其说、逻辑通顺；他洽则是这套理论能被实践佐证、切实有效；而续洽指的是这套理论本身能够延伸出新的、具有实操性的子理论。

场景管理的提出，是试图用“二分法”来看待组织的经

营与管理。将组织的各项价值创造活动分为面向外部的用户场景，创造用户价值的部分，以及面向内部的协作场景，支撑价值创造效率的部分。而场景管理六要素的提出，正是通过一套管理体系的建立，使得场景管理这一内涵能够做到自洽，让组织的各项价值创造活动能够有机统一。

在场景管理的理论体系中，企业所提供的产品和服务是在创造用户场景，通过挖掘用户现有场景中的痛点和诉求，帮助用户实现理想状态。要做到这一点，企业就需要通过与用户的深入交互来洞察与构建用户需求，并以此来设计自己的交付目标。而为了支撑有价值产品/服务的交付，组织内部就需要保障协作过程的效率，保证员工能够创造性地发挥，要做到这些，组织就需要做好支撑与赋能。

由此，场景管理的六要素分别是：用户洞察、需求重构、目标设定、组织支撑、场景赋能，以及动态管理。

可以看出在对场景管理六要素的提炼过程中，本书参考并总结了大量的实践经验，凝结了许多有独创性的观点和模型，可以说很好地做到了他洽。而在自洽与他洽的基础之上，本书还基于场景管理的内容，延伸并设计了蜂窝状组织这一子系统，试图做到续洽。

三、本书揭示了面向未来的组织形态：蜂窝状组织

在对组织变革的趋势研究中，对“生态型组织”的讨论往往获得了最多的关注，因为互联网技术的发展与商业模式的演进使得市场中的商业逻辑愈发接近自然中的生存法则。然而对于生态型组织到底是什么，运行模式如何设计，核心机制有哪些，却没有统一的标准。

本书以凯文·凯利在《失控》中所描述的蜂群特征："群体智慧""分布式管理"，以及"涌现"为基础，指出一个生态型组织要具备群策群力的全员经营能力，具备自组织、自驱动的能力，以及基于资源协同的创新、创造能力。

基于场景管理的内涵和这三种能力的实现，本书设计了面向未来的组织形态：蜂窝状组织。

蜂窝状组织的提出，颠覆了传统组织中部门、岗位与员工的静态适配关系，指出组织为员工提供的是动态的协作场景。所有需要与用户交付的活动都是前端的蜂窝状团队负责，而所有支撑价值交付的活动都应该放到后端平台。平台对前端定方向、定机制并协调各方资源进行赋能。

前端蜂窝状团队存在的前提是能够挖掘并创造用户价值，凭此为组织带来回报，否则，就会被替代甚至淘汰。然而在蜂窝状团队形成与消散的过程中，平台则会沉淀大量的用户数据、产品数据与运营经验，继续为后面出现的蜂窝团队提供支撑，这构成了蜂窝状组织的内在生态关系。

综上所述，本书从管理理论的演变与现实中企业的实践出发，在企业经营管理上做出了积极有益的探索，其提出的组织场景管理观点，非常值得大家去深入思考，并能有意识地在企业经营管理实践中去应用与体会，也期望有更多的学者、企业家们对此予以关注，提出新的见解，使得我们在组织管理研究上有更多进益。

杜跃平

2019 年 3 月

目　录

第一部分　商业环境中的组织演化

第二部分　管理新概念：场景管理

第三部分　基于场景管理的组织设计

第一部分
商业环境中的组织演化

第一章　新时代下的商业环境

今天外部环境的剧烈变化让经营者感到无所适从，大数据、物联网、人工智能、跨界竞争、颠覆式创新等名词应接不暇。在这些变化面前，企业该如何选择？又以何种方式介入？企业的竞争对手在哪里？企业的发展方向又在哪里？如果不采取行动是否很快就会被淘汰？这些问题一次次被摆到企业的决策桌上，困扰着经营者们。

前宝洁公司CEO罗伯特·麦克唐纳（Robert McDonald）借用了一个军事术语来描述我们现今所处的商业新环境：“这是一个VUCA的世界。”VUCA是四个英文单词首字母的缩写，分别为volatile（不稳定）、uncertain（不确定）、complex（复杂）和ambiguous（模糊）。那么，我们所处的商业环境真的是即不稳定又不确定，复杂且模糊么？

要解决这个问题，我们首先要界定清楚，什么是商业环境？

从经营的角度看，商业环境就是企业存在的外部环境。其构成有三个要素：产业环境、行业环境以及企业所处的人文环境。我们能感受到的趋势是，无论是企业间的竞争还是协作，其边界正在变得模糊：今天两家企业之间的业务线还没有重叠，明天就在市场上展开了激烈的较量；今天还较量得你死我活，明天两家企业就握手言和了；今天还各安一隅，明天就推出合作爆款，并且为了适应这种变化，越来越多的企业参与到了跨界竞争与跨界合作中。

在这种大环境下，许多企业失去了方向感，看不清竞争会从何而来，企业的明天又将走向哪里。

可越是看不清方向，就越要回归本源。归根结底，企业的存在是为了面向用户，创造价值。在这个过程中，企业要始终关注两个因素，一个是用户的需求，另一个是员工的协作。

然而互联网的到来，改变了我们所处的人文环境，使得用户需求更难捕捉，用户难以满足，用户对品牌的忠诚度也更难提高。同时，员工的诉求变得不再单一，员工的行为变得难以预测，员工也不再对某一组织有很强烈的归属感。

因此，想要理解员工、用户、竞争以及协作方式的变化，我们就要将这些企业经营中的关键要素放到相应的环境中进行观察。

一、产业环境：企业间的价值协作网

产业是社会化分工的结果，但分工后的协作却不是一成不变的，这取决于企业如何定义自己的“事业”。阿里巴巴的使命是“让天下没有难做的生意”，基于此，阿里巴巴围绕“做生意”所包含的要素建立起了支付体系（蚂蚁金服），从线上（天猫、淘宝）到线下（新零售）的交易体系、物流体系（菜鸟网络），以及旨在打通这三者的数据流体系。

盖茨时代的微软，它的使命是“致力于提供使工作、学习、生活更加方便、丰富的个人电脑软件”。因此，那时微软的研发、生产与销售都是围绕个人电脑软件业务展开布局的。可是当盖茨的继任者将企业的使命改成了“让每张办公桌上不再有电脑”后，微软便失去了经营的“焦点”，从而错失了几次重要的互联网转型机遇。

川合善大在其所著的《3%法则》中提到了这样一个故事：在过去酒和牛奶等饮料都是玻璃瓶装的时代，有两家玻璃瓶制造厂商，因为对自己的事业有着不同的定义，导致了截然相反的两种结局。

第一个厂家对自己事业的定位是“容器制造商”，所以在制造玻璃瓶的同时，它还积极与下游的商业伙伴以及上游的原材料提供商合作研发不同材料的容器。因此，在纸盒与塑料盒逐渐代替玻璃瓶的情况下，该厂家借势而起，事业得到了长足发展。

第二个厂家对自己事业的定位只是“玻璃瓶制造商”，所以它的经营重点全部围绕在如何以更低的成本和更高效的手段来生产玻璃瓶上。而在玻璃瓶的市场逐渐被蚕食的时候，这家企业却因为在玻璃瓶生产线上投入过多而无法转型，只能坚守，最终落得被市场淘汰的下场。

同样的例子，国内某央企曾作为国家级重点引进项目从事彩色显像管生产，用了 10 余年的时间就做到了彩色显像管行业全球排名前三，营收过百亿元，利润超 10 亿元。然而在革命性的技术突变面前，过去的成功反倒成了变革的阻力。

在 2002 年，平板与液晶电视开始崛起，彩色显像管电视实际上已经走到了发展的拐点。也就是在 2002 年，该央企决心坚守过去的事业，要做“彩色显像管行业最后的退出者”，并决定追加投资，扩大彩色显像管的生产线。

然而谁也没有料到的是，仅仅到了 2005 年，技术的进步就使得平板与液晶电视的生产成本大幅下降，同时成像质量显著提高，而其更大的屏面也带来了更好的视觉感受。这对彩色显像管行业造成了猛烈的冲击，导致其价格与销售数量大幅下滑。所以该央企投资数十亿所打造的新彩管生产线，实际上还未投入生产，就已经成为了过去。

一家企业如何定义自己的“事业”，决定了它的经营侧重点，也决定了它能够寻求协作的外部资源，而这些因素影响着它的成长和发展路径，尤其在当下的环境里，企业要想成功一定要顺势而为，迎上“风口”，吸引足够的资本、技术、人才、合作伙伴等形成“产业协作网络”。因为环境越是复杂，就越不可能有企业能够孤立无援地生存下去。概括地说，影响产业协作环境的因素有以下三种。

（一）宏观因素对产业的助推与抑制

宏观因素通常包括：社会因素、政策因素、经济因素、国际因素、环境因素等。这些因素从宏观层面上决定了各个产业的走向：一方面某个产业在这些因素的影响下，由资本投入开始，迅速聚拢了相应的人才、技术与配套服务，使该产业迅速发展，例如近年来的智慧旅游产业；另一方面，某一产业在这些因素的影响下，由宏观调控开始，缩减产能，优化资源投入，提高生产效率，例如当前产能过剩的钢铁业。因此，宏观因素对一个产业的影响，要么是助推，要么是抑制。

而宏观因素对一个产业的助推和抑制通常与这个产业的生命周期有关。在产业生命周期的起始阶段，各种资源开始聚集，形成所谓的“风口”，那些率先进入的企业往往能享受到先发优势，借着风口腾飞。可是当该产业的生命周期走向成熟/衰落时，资源便会从该产业剥离，产业内部需通过结构调整来优化产能与效率，以期重新焕发活力。

（二）技术与商业模式的互相拉动

单纯的技术并不能够为社会创造价值，只有当技术与商业模式结合，找到了应用场景，才能为社会创造价值，而且通常商业模式本身的创新也会引发对新技术的需求。所以技术与商业模式之间，是一种相互依存、相互拉动、相互成就的关系。

蒸汽机最早由英国人萨弗里在 1698 年发明，目的是在采矿时代替人力排除矿井的地下水。起初，能替代人力这一特点使得蒸汽机得到了一定范围的关注，只是由于最初版本的蒸汽机效率不高，且应用十分局限，所以并没有被推广开来。

之后在大气式蒸汽机的基础上，瓦特进行了创造性的改进，于 1782 年成功研发出新式双向蒸汽机，从而使得蒸汽机被应用在各种不同用途的机械上。因此从 18 世纪后期到 19 世纪，蒸汽机陆续在采矿业，以及纺织、机器制造、航海等行业得到了广泛的推广与应用，从此将人类带入了工业时代。纵观蒸汽机从被发明到大范围的应用，期间跨度了百余年的时间。

1956 年人工智能概念被正式提出。1969 年，神经网络的训练方法被首次提出，紧接着 1970 年日本早稻田大学就造出了第一个由肢体控制系统、视觉系统和对话系统构成的人形机器人。虽然 20 世纪 80 年代就曾出现了无人驾驶汽车，以及可进行自然语言交互的机器人，但这些技术都没法得到实质性的应用。

直到 1997 年，IBM 开发的“深蓝”成为第一个击败人类象棋冠军的电脑程序，对于人工智能的研究又开始大热。2000 年以后，图像识别、自然语言处理等人工智能技术的产品在安防、智能家居、手机以及自动驾驶等方向上的不断应用，才使得资源不断向该领域倾斜，带动了人工智能技术研究的不断突破，尤其是在2017年AlphaGo战胜当时世界排名第一的围棋名将柯洁后，对人工智能的讨论一度成为社会热题。从时间轴来看，人工智能从提出到在各个产业中的广泛应用，用了大约半个世纪的时间。

万维网在1991年被发明出来，只用了20来年的时间，围绕互联网所建立起来的商业模式就从购物、出行、娱乐、通信等不同方面深深改变了我们每个人的生活方式，且大有一切皆可互联的趋势。

区块链技术在2004年首次被提出，直到2008年以比特币的形式逐渐被人们所知晓。随着这种虚拟货币在金融市场的走俏，大量的资源被吸引过来，围绕虚拟货币形成了从上游挖矿设备，到加密保存，再到在线交易平台等完整的产业链，这极大地推动了区块链技术的发展。

如今该技术被认为将在货币交易结算、专利保护、电子商务等领域大有作为，许多公司纷纷加入了区块链的研究与应用推广中，而这一切，只用了10年的时间。

大数据在2008年前后被提出，当时技术上已经没有太大瓶颈，于是迅速得到应用，不到10年时间，围绕大数据，一个个相关产业被建立起来。

回顾一下这些新技术的发明与应用，我们不难发现，技术与商业模式结合的进程正在加速。这背后的逻辑是，一旦一项新技术被证明有应用的价值，大量的资源便会向该技术聚拢，衍生出基于该技术的不同商业模式，而被证明成功的商业模式又会进一步推动技术的发展。

如同当年蒸汽机发明后被不断应用到各行各业，衍生出不同商业模式的同时，蒸汽机的技术也在不断完善；同样的，互联网、大数据等技术出现后也在不断发展中，颠覆着各行各业。只不过前者跨度百余年时间，后者只是短短数十年（见图1－1）。

蒸汽机		人工智能		互联网		区块链		云计算	
发明	应用	发明	应用	发明	应用	发明	应用	发明	应用
1698年	19世纪初	1956年	2010年以后	1991年	2000年以后	2004年	2012年	2008年	2010年后
跨度百余年		跨度半个世纪		10余年		不足10年		不足5年	

图1－1　新技术从发明到应用的时间跨度

今天，在资本的推动下，技术与商业模式能够迅速结合、相互成就，任何产业都有在短时间内被改变的可能。

（三）产业内的供需关系

在工业时代，为了保证生产的顺利进行，库存必不可少。而在互联时代，在柔性化生产逐步替代规模化生产后，库存将被彻底消灭。

柔性化生产与工业时代规模化生产最大的区别是：工业时代的规模化生产基于计划，而柔性化生产则基于需求。以往的生产模式是：首先从过往经验出发，制订年度生产计划，然后根据年度生产计划安排原材料采购。在生产开始之后，企业则需要滚动计划来协调生产与采购，以保证订单按期交货。

但是在互联时代，企业从用户的需求出发，通过云计算等技术手段协调采购与生产，实现全面的柔性化管理。例如在保时捷的官网选购任意一款车型，用户都可以定制化车身颜色、内饰、音响等模块，待下单后这些定制化信息会以代码的形式传到保时捷的生产车间。在保时捷的生产车间，每个生产环节上传送过来的部件都附有标签，标签会显示车主的定制信息，通过信息代码的匹配，最终为用户交付一款定制化车型。在保时捷的斯图加特工厂，任何所需的零部件都能在2小时内送达，厂区无一库存零件，全部即来即用，面向用户的定制需求交付相应车款。

过去的生产强调计划与滚动，背后都是基于人工的协调，而按需生产则是通过数据与计算进行协调，后者无论从精确度还是效率，都要高于前者。在可以预见的未来，从需求端出发的大规模定制将成为每一家生产型企业的发展方向。那时产业内供需关系，将是真正意义上的基于需求的供给。

二、行业环境：企业间的竞争格局

行业的传统定义指的是一组提供同类，且可相互替代的产品/服务的企业。从这个定义出发，传统企业间的竞争就往往就成了产品/服务之间的竞争。

因此，为了在竞争中脱颖而出，企业总是会不断降低自己的生产成本或者升级产品品质来试图领先竞争对手。于是，对于每一个参与到竞争中的企业来讲，它不仅需要清楚自己的产品是什么，更要对竞争对手的产品了如指掌。但是，又有几家企业能准确地描述出自己的客户是谁，以及客户的真实需求呢？

1993—2012 年，方便面在国内的销量都保持着两位数的增长，2013 年销售量达到顶峰的 462 亿包，但触顶之后的方便面销量却连续三年下跌，2016 年的跌幅更是达到 17%。但是在方便面的销售量急速下降的同时，自 2012 年以来，网络订餐却以平均每年 50% 的增速在迅速扩张，2016 年外卖市场规模达到 1600 多亿元。于是，人们突然惊呼，原来干掉康师傅的不是统一，而是“饿了么”。

从产品的核心功能属性来看，方便面与外卖都可以提供消费者方便快捷的就餐体验。只不过方便面企业的发展策略是不断推出新的口味，而外卖的发展策略则是为消费者提供更多的就餐选择。在消费升级的今天，显然后者更符合趋势。

除了方便面之外，我们也经常听到说，微信颠覆了电信运营商，支付宝颠覆了银行等跨界竞争的例子。那么在互联时代，企业要如何锁定自己的竞争对手呢？

这就要看企业如何定义自己的用户需求。因为竞争的核心不是产品，而是用户未满足的需求。正是那些为了满足同一类型用户近似需求的企业，才构成了竞争关系，形成了竞争格局。那么，影响企业竞争格局的因素又有哪些呢？

（一）企业对商业信息的反应

在互联时代，信息的流动更加快速，获取信息的渠道也多种多样。对于企业的经营者来讲，无论是宏观信息、行业信息还是市场信息，都可以快速地获得并采取行动。

而行业信息迅速被捕捉、企业随之快速采取行动造成的一个结果便是，企业的生存周期会越来越短。

往往一家企业能够在市场上站得住脚，是因为它找到了一个产品与市场的契合点，从而满足了市场的某一需求。可是一旦别的企业也发掘出这个市场的用户需求，便可以聚集资源向该市场进发。

对于某个特定的行业来讲，一旦多进入一个玩家，整个行业的供给就会产生一定程度的增幅，尤其是大玩家的进入，往往会导致这个行业的整体供给过于饱和，并且大玩家能通过规模效应降低成本或者本身不惜通过低价来打压竞争者。对于中小企业来讲，这样的竞争往往无力招架。

这就是为什么互联时代大有赢家通吃，跟随者纷纷出局的趋势。

其实，跨界竞争从工业时代就一直就存在，只不过在互联时代因为信息的获取更加便捷，资源的整合更加快速，所以我们看到了更激烈的竞争。

（二）交互场景的丰富

既然竞争的核心是用户未被满足的需求，那么如何有效地了解用户需求就显得至关重要。在互联时代，对用户数据的挖掘、对用户需求洞察都发生了极大的变化，而导致这些变化的根本原因，是企业越来越重视自己产品/服务的应用场景。

如今我们都在强调数据的重要性，然而缺失了场景，数据也就毫无意义，所以无论是对用户数据的收集与分析、对用户需求的理解，还是对产品的设计都要以用户场景为载体。企业看似是在出售产品/服务给用户，实际上企业是在通过产品/服务影响和改变着用户场景。例如在国内的互联网企业 BAT 中，百度占据了用户搜索信息的场景，阿里占据了用户线上消费场景，而腾讯则占据了用户的社交场景。

互联网技术对用户行为的描述与需求的挖掘，植根于交互场景的丰富以及由此所带来的海量数据。图 1－2 对比了互联网技术兴起前后，用户在产品服务各环节中行为与感知的差异。

产品/服务环节	过去	VS	现在
感知环节	电视广告为主		多元化渠道
评估环节	有限信息		网络+社群信息
接触环节	现场		现场+线上
使用环节	无信息收集		海量使用数据
反馈环节	受限		移动端实时反馈

图 1－2　在产品服务各环节中行为与感知的差异对比图

图 1－2 背后的逻辑是，互联网技术的兴起，使得在传统的买卖关系基础之上，增加了一条双向反馈的信息流。以往企业只是将产品/服务卖出去，如今企业更关注产品/服务卖出前和卖出后，与用户的沟通和对用户反馈的收集与分析。而支撑企业与用户交互的，则是由产品、互联网基础设施、移动设备、社交媒体以及大数据共同构建并丰富起来的用户场景。

以往用户主要通过电视广告了解产品信息，渠道相对单一。现如今，让用户感知产品信息的方式多种多样：电视广告、视频广告、横幅广告、搜索广告，以及分享在朋友圈的文章、随处可见的二维码等。新的营销渠道不断被发现，新的营销创意不断在涌现，这使得用户的感知阈值不被提高，用户的注意力变得更加难以捕捉。

过去用户对产品的评估，只局限在商家所提供的信息以及一些关系圈内的口碑信息。然而在互联环境下，用户可以接触到更多关系圈外的口碑信息，这使得用户决策时会更多参考其他用户的反馈、专业的点评网站以及某一领域的意见领袖，而不仅仅只是商家的宣传。

现如今，用户更是足不出户便可以接触到产品。有的房地产中介将代售的房屋情况做成 3D 室内场景，借助互联网平台向用户展示；有的商家可以免费向用户邮寄几款产品，用户只需选择留下自己喜欢的；有的卖家借助 AR 与 VR 技术搭建的虚拟卖场让用户足不出户就能拥有逛街一般的体验。因此借助技术的发展，企业拉近了用户与产品的空间距离，让用户能够方便地接触到产品。

此外，网络基础建设的完善，穿戴设备的普及，产品即服务的理念传播，使得商家愈发重视用户在产品使用过程中的信息收集与双向反馈。总之，如今从用户对某一产品的感知开始，到反馈结束，借助互联网技术的发展，企业与用户的交互场景正变得更加丰富多彩。

（三）用户需求的变迁

用户的需求并不是连续性的，只是通常大企业对此都有一个误区：那就是只要生产出更好的产品，用户就自然地会接受。然而苹果、三星打败诺基亚与摩托罗拉的，却不是续航更久、信号更好、质量更高的手机，而是能上网、能玩游戏、能听歌和能看视频的手机。

在互联时代，用户关注的焦点，开始从产品的核心功能，转向产品的综合体验价值。比起过去单纯地提供功能性产品，如今企业需要更多思考产品背后的用户情感诉求、精神诉求、社交诉求等深层次的需求。

例如江小白在选定一个面向年轻群体的白酒市场后，将其价值定位在“小聚、小饮”这一生活场景中的情感倾注，以此来打动消费者，形成情感共鸣。借由白酒这一载体去展示充满文艺范的表达，江小白体现出了自己懂酒，但更懂此刻饮酒时你的心情。

可以说，江小白在白酒的功能属性之上，叠加了一层情感属性，赋予了白酒这一产品新的体验价值。而这种体验价值会直接影响消费者的购买决策，例如只是因为瓶身上的某一句话触动了自己，他们便会产生购买的想法。

因为对于用户来讲，产品功能是购买的必要因素，而产品体验才是购买的充分条件。

沿着“功能+体验”这一产品逻辑，许多像江小白一样的创新型企业都在尝试让传统消费品焕发新生的可能。通过深度的用户洞察，通过对产品功能价值与体验价值的重新定义，他们就能够在新时代下引领用户需求的变迁。

三、人文环境：影响企业的生存方式

对于20世纪六七十年代出生的人来讲，购物就意味着要去商场里挑选、比较，甚至要经过砍价才能形成交易。所以在他们的固有的认知里，线下的、面对面的接触才是购物。

可是对于2000年以后出生的人，购买对他们来说，就是拿起手机、搜索要买的物品、看用户评价、付款，然后等着东西被寄送到家门口。因而在他们的认知里，这就是购买应该有的程序。

所以与其说互联网在改变我们的生活，倒不如说互联网在重塑我们的认知，构建着我们的生存环境。在这样的环境下，由于便捷与快速的连接，我们旧的认知不断在被颠覆，新的认知不停地在形成。

王东岳先生在《物演通论》中指出，文化是人们在特定的资源条件下，为了适应在当下的环境所建立起来的生存结构。而特定的生存结构则会决定人们的思维与认知，进而影响人们的行为模式，以及处理与他人关系的方式。

从这个角度看，互联网不仅在重构着我们的认知，更是通过重构我们的认知与行为在塑造着我们所处的人文环境。而时代造就的这种基于互联关系的全新人文环境，深刻而长远地影响着每一个人的生活、工作与自我认知。因此，新时代下的企业要生存与发展，就必须理解与顺应这种互联的人文环境。

（一）人文环境影响着企业的经营理念

工业时代，企业经营围绕的核心是产品，产品围绕的核心是技术。但是从工业时代过渡到互联时代，企业的经营需要“走在人文与科技的交汇点”上。提出这一理念的，正是苹果公司的创始人乔布斯。

在乔布斯看来，许多互联网产品和工具是没有“感情”的，而苹果要做的，就是把人性的元素融入到这些产品与工具里，为用户提供功能以外的情感诉求。因为用户是独特而充满个性的，但标准化的产品却在禁锢他们对生活的想象力。所以当竞争对手都在考虑如何通过技术为自己的产品带来更多更好的功能时，苹果考虑的是如何通过技术与功能让用户更好地表现自我。

纵观苹果的发展，也正是通过“面向用户”的简约设计，创新整合不同的科技元素，使产品简单上手的同时，又具有极具特色的功能体验。可以说苹果如今的成功，往前追溯，正是源于它秉承和坚守了“走在人文与科技的交汇点”这一经营理念。

（二）人文环境影响着企业的用户理念

从宏观层面上看，组织就是通过聚合不同的资源，再通过一整套运行机制转化资源，输出能够满足用户需求的解决方案。

但是在工业时代，无论如何强调组织最终的交付对象是用户，绝大多数经营者的视角始终没放在用户身上。从人文环境的角度看，原因是这样的：

一是工业时代企业的决策依据是市场中的价格信号，而不是用户的需求信号。即通常企业决定开展一项业务的出发点，不是做这件事情能够创造多大的用户价值，而是因为做这件事有利可图。当把有利可图作为出发点时，他们的经营视角就自然落在竞争者身上、市场份额上，以及产品成本上，因为这些因素直接影响着企业的经营效益。

二是虽然在工业时代也有不少的企业喊出了“用户第一”“创造用户价值”“为用户服务”的口号，然而经营者在实际操作中，总是站在自己的角度为用户考虑，这样就会不可避免地陷入成本思维的泥潭，甚至是以技术和功能为出发点的“自娱自乐”，与真实的用户需求相去甚远。

从工业时代过渡到互联时代，万物互联的趋势造就了新的人文环境，那么这种新的人文环境是如何影响和塑造用户的需求与消费偏好呢？

第一，在互联的人文环境下，呈现出主流文化快速更迭、亚文化多点开花的局面。整体的文化环境不是变得更融合，而是变得更加分裂。例如互联环境下的圈子文化，其典型的特征就是圈外的人看不懂圈内，圈内的人不理解圈外，彼此之间没有共同语言。

本质上，这种文化上的分裂营造的是一个个的假性部落。这种假性部落所承载的，是人们既渴望展示个性，又需要联系与认可的心理诉求。展示个性意味着人们的需求形形色色，而需要联系与认可又说明每一个假性部落里的需求又是相类似的。这对企业经营的启示是，产品想要有市场，一方面要顾及单体用户的个性化需求；另一方面又要引领一类用户需求的变迁。

第二，互联环境下海量的产品信息不断将用户教育得挑剔、精明与难以满足。加之不同企业在细分领域的深耕，对产品的打磨与更新换代的速度又让用户应接不暇。这些因素共同推动着互联时代用户需求的不断升级、极致个性。

所以我们看到，为了应对用户需求的不断升级，互联时代下企业的产品逻辑以一种叠加体验的方式在呈现。即在产品的核心功能之上，叠加内容联想群，叠加情绪共鸣，叠加增值服务。因为产品是冷冰冰的，但是内容、情绪和服务确是一个企业品牌人格化的体现。而只有品牌的人格化，才能应对互联环境下用户需求的极致个性化。因此，未来企业要发展，需要将自己塑造成一个人格体来与用户交互，去理解用户、成就用户。

（三）人文环境影响着企业的人才理念

过去人们在工厂工作，往往一干就是一辈子。这种情况下，他们的工作也就成为了他们的社会身份。但是在互联时代，人们一生可能要换好多份工作，他们的社会身份也不再体现在他们来自哪一家企业，而可能是网上某个论坛的会员、某个线下活动的组织者或者某个社群的一员。可以说，互联网在连接一切的同时，也在潜移默化地提升着人们的自我认知与自我追求。

因此，在当前的互联环境下，员工并不属于哪一家企业，但只要员工在一家企业工作，那么该企业就要努力的营造好彼此相处的“甜蜜期”。因为大量的案例证明，满意的员工带来满意的用户，而满意的用户带来营业收入。

然而让员工满意并不是一件容易的事。因此有的企业设计良好的办公环境，有的企业加强员工福利，有的企业强调企业文化建设，有的企业采取股权激励等。如果往深里探究，这些措施的有效性必须依赖两个维度的指标：组织未来的发展前景和组织当下的支付能力。因为组织的支付能力保障了对于员工眼前的物质激励，而组织的发展前景则满足了员工未来的发展需要。

所以，在当前的人文环境下，企业不能抛开组织能力与发展前景，空谈人才理念，毕竟人才还是要依附于组织来创造价值的。而在员工依附于组织的“甜蜜期”里，在互相成就的这段关系里，他们既需要“面包”，更渴望“爱情”。

四、商业环境对企业经营与管理的影响

商业环境对企业的影响主要体现在产业环境明确了企业间的协作方式，行业环境塑造了企业间的竞争格局，以及人文环境决定了企业如何生存与发展。

在产业环境中，企业如何定义自己的“事业”决定了它能够寻找怎样的外部资源进行协作。“事业”的明晰，是企业判断谁是自己用户的基础。企业只有知道了自己的用户是谁，它才能确定自己所能够传递的用户价值是什么，它才能知道自己用何种方式

与活动在为用户创造价值的同时，能够获取收益。因此，“事业”的定义是任何企业经营的起点。

在行业环境中，虽然提供近似产品/服务的企业构成了竞争关系，但企业经营的重点，不应该关注于竞争对手，而应该是用户，因为竞争的核心是用户未满足的需求，只有以用户需求为核心所设计和生产的产品，用户才有支付的意愿与动机。

我们看到，无论是产业环境中的协作还是行业中的竞争，都在指向一个企业经营中的关键要素，那就是用户。过去我们谈管理，会把管理分为战略管理、组织管理、人才管理等，其实对企业经营来讲，管理就是解决了在面向用户需求，交付解决方案过程中的效率问题，对于管理的一系列分类都是在为了这个目标而服务。

在人文环境中，我们从理念层面上来看待企业的经营与管理，指出企业的经营理念、用户理念与人才理念深刻地影响着企业的行为方式，决定了企业的生存与发展。假如把企业比作一个人，那么他所秉承的这些理念以及内涵，就是一个人的价值观。

价值观决定命运，对人是这样，对企业也是如此。

以上便是商业环境对企业经营与管理的影响。但深究的话，商业环境对企业经营与管理的影响，在于商业的进程改变了用户场景，从而使得用户的生活、娱乐与工作方式都发生了变化。

10 年以前，我们没有应接不暇的社交软件；我们没有短视频；我们的行为不会被商家记录；商家的广告也不会这么精准的投放给我们。而相信 10 年以后，我们会有更便捷的社交体验；我们的所有行为都会被记录与分析；商家会帮助我们决策，因为他们总能知道我们要什么。

因为商业演进所带来的，是用户场景的不断丰富，而用户场景的丰富反过来又引导着商业的进程。

从企业的角度看，成功的产品或者服务一定是占据了某一用户场景，并在该场景下解决了用户的诉求。当不止一家企业想要占据同一用户场景时，竞争就会发生。竞争会带来用户需求的不断升级，而用户需求的不断升级，又反过来影响着企业的竞争方式。

因此，如果说竞争的本质是用户未满足的需求，那么竞争所围绕着，则是随着商业演进而不断丰富的用户场景。所以，**未来衡量一家企业成功的标准，不是市场份额或者营收体量，而是对用户场景的把控与影响。**

而当企业的经营以用户场景为出发点时，为经营服务的管理，是否也要应对趋势做出改变呢？

第二章　传统企业管理的运行逻辑与挑战

企业经营业绩徘徊不前，效益不佳，发展方向模糊；年度目标分解下去了但就是不能顺利的实现，部门各扫门前雪，遇事互相推诿；员工看似忙碌但绩效却不理想……往往遇到这些问题，经营者通常都会有这样的疑问："是不是我的管理出了什么问题?"

在竞争格局明朗、用户需求明确、市场供不应求的环境下，企业只要生产出产品就能被市场接收。这种情形下，管理上的问题会被乐观的市场形势所掩盖。但是，当市场形势发生逆转、竞争激烈、用户需求升级时，外部环境开始变得复杂，管理对企业业绩的影响就愈发凸显，因此经营者迫切期望通过改善管理来改善经营效率与效益。

管理作为一门学科发展至今，有以下几个特征：

第一，管理是源于实践，对管理的研究总是会滞后于实践所产生的智慧，只要企业经营活动中能为组织创造效率、提升经营效益的方法都是好的管理方式。因为经营对管理的要求，是有效果好过有道理。

第二，管理理论虽然已经自成体系，但在实践中不同企业之间的管理水平还存在较大的差异。在一些企业依旧采取经验管理的时候，另一些企业已经建立起规范的流程精细化运作体系；而在一些企业还在为责权不清头疼时，另一些企业已经开始谋求组织变革。尤其是信息与资源流速加快的时代，趋势面前人人平等，所以企业之间的竞争，最终是会落在基于管理带来的经营效率上。

第三，管理本质上是一种面对经营环境、解决经营问题、提升组织效能的方法论。对待经典的管理理论，我们既要了解这些理论能为企业经营带来的作用，更要意识到这些理论在实践中遇到的问题，再来看面对如今复杂多变的商业环境，管理应该何去何从。

一、传统企业管理的四大运行逻辑

传统企业管理的出现促生了工业时代的繁荣。20 世纪之前，工业企业主要以经验管理生产，过程中普遍存在着人力、物力等资源的浪费，以及生产效率低下的现象。对解决这些问题有突出贡献的是历史上两位重要的人物：一位是福特，一位是泰勒。

福特对管理的贡献，是发明了流水线作业。他将 T 型车的生产过程分解成了 80 多个步骤，再通过步骤之间的衔接来完成最终产品的交付。这种作业方式可以让员工在专注、专精于某一具体环节的情况下，通过经验的累积和熟练程度的增强来提高生产效率。

生产流水线的出现，将亚当·斯密在《国富论》中提出的专业化分工理论带入了工厂的生产实践中，极大地提高了工人的生产效率与产品质量。

如果说福特是专业化分工的先驱实践者，那么泰勒的贡献，则是用科学的方法解决了专业化分工后的效率问题。以单位时间的产出为衡量基础，泰勒计算出工人在完成某一具体作业的时候，需要哪些动作，每个动作花费多长时间，然后再通过对各动作及使用工具的优化来提高效率。

1911 年泰勒的《科学管理原理》出版，标志着管理从经验上升到了科学。在泰勒的科学管理中，企业的生产活动以专业化分工为基础，以职能工长制的组织模式让员工开展作业，并通过计件工资制让员工多劳多得、少劳少得。

1916 年，法约尔提出一般管理理论，将管理职能分为计划、组织、指挥、协调和控制。随后，马克斯·韦伯在 1920 年提出了科层制的组织形态，亦称官僚制，也就是今天我们常见的金字塔式组织结构。之后巴纳德为组织管理加入了“人”的因素，强调企业经营活动中的“理性决策”与“沟通反馈”。

后来的管理实践与理论探索在这几位先驱的基础之上不断丰富完善，衍生出了现代企业管理理论体系。结合企业的管理实践，笔者认为传统企业管理运行逻辑主要有以下四个方面：

1. 组织通过专业化分工，明晰责权分配，使经营活动得以有效落实到个人

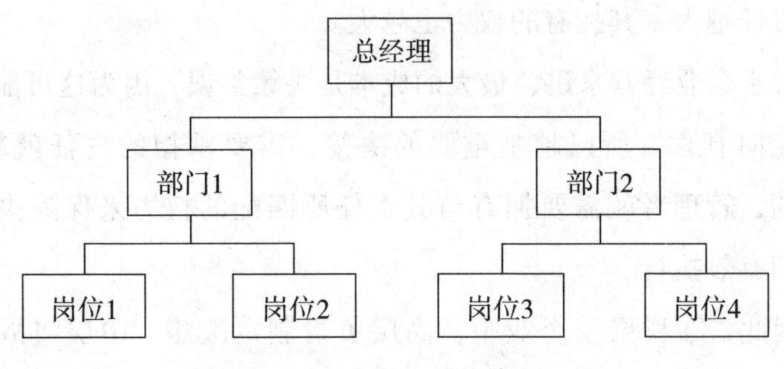

图 2－1　科层制组织结构图

图 2－1 是一张简化的科层制组织结构图。横向来看，是资源（人、财、物）在组织中的专业化分工；纵向来看，是责权在组织中的专业化分工。

资源的专业化分工体现在不同部门中的人拥有不同的专业化技能，不同的部门承担不同的职能，并享受与职能匹配的资源。

依据专业化的原则：

第一，专业的事情要交由专业的人来做。因此，所谓的“人岗匹配”指的就是员工的专业化技能可以处理部门中专业、具体的事务，并能够取得绩效。

第二，处理同一类事情的人要归集到同一个部门。这样做的依据之一是：使得员工在特定领域积累相关的技能、知识与经验，以达到效率提升的目的。这样做的依据之二是：一类事交由一个部门统筹协调，从而提高部门整体的专业化水平。

第三，部门承担相应职能的前提是匹配相应的资源。因为企业的发展会受制于资源的有限性，所以资源专业化分工的核心命题之一就是在有限的条件下，如何有效地利用与配置资源，让部门职能得到充分的发挥。

而责权的专业化分工在科层制中体现的是随着员工在企业中承担的责任越大，其拥有的权力也越大。

对于企业经营来讲，最大的成本是决策失误，因为这可能导致企业走向衰亡。所以越是重要的决策，需要承担的责任就越大。相应的，管理者就需要拥有与其责任所匹配的权力来保障决策可以得到有效执行。

因此，在科层制企业中，高层负责制定战略，中层将战略细化，再由基层来执行。这一套模式想要运行成功的前提是：高层掌握“好战略”的相关信息和专业知识，基层所有的绩效行为最终能有机的指向公司战略，而中层则起到良好的协调与过程管理的作用。对于每一层级来讲，责任都需要细分到个人，因为责任边界一旦模糊，就没有人为结果负责，也就是我们常说的责任除以二等于零。

此外在企业的实际运行中，责任是权力的基础，只有先存在需要承担的责任，然后才是匹配相应的权力。所以，责权的专业化分化体现在企业的经营管理中，是先有责任、再有权力，并且责任越大，匹配到的权力也应该越大。

2. 组织通过目标与计划管理，统一工作方向与步调，使经营活动得以有序开展

目标管理由著名的管理学大师彼得德鲁克提出，其内涵有以下几个方面：

第一，组织的存在需要有一个待完成的总体目标，这个目标由组织的管理者参考组织的外部环境与内部能力制定。

第二，根据组织的总体目标，管理者对下级进行任务分配、明确产出要求，并以此作为衡量其价值贡献的依据。

第三，目标的分配与明确是一个全员参与的过程，目的是为了达成目标共识。

第四，在目标共识的基础上，对目标的执行依靠的不是指挥与控制，而是自我管理与驱动。

计划管理则是传统企业管理的一个重要手段。围绕组织目标，通过计划管理，对计划的制订、执行、检查、调整的全过程进行管理，从而合理地利用人力、物力和财力等资源，有效地协调企业内外各方面的生产经营活动，使得企业经营管理各环节紧密衔接，从而提高工作效率与企业效益。

在科层制企业中，目标与计划管理是管理的一条主线条，随着企业规模的扩大，其意义更大。首先，企业通过该体系运行，将战略目标、战略滚动计划与年度经营计划紧密衔接，确保战略规划落地，真正实现战略驱动组织发展；其次，企业通过目标计划体系，将组织有限的资源配置到最需要的职能领域，并在组织职能层面达成共识，从而将各职能与业务部门拧成一股绳，形成组织合力；最后，企业通过目标计划体系，将组织中每一个人的努力与组织发展结合起来。如此，组织就如同一台庞大精密的机器，每个人都是这台机器上的一个零部件、一个螺钉，在目标计划的牵引下，消除了杂音，井然有序地朝向目标前行。

3．组织通过激励机制建设，调动员工积极性，推动工作高效开展

在经典的激励理论体系当中，马斯洛的需求层次理论、奥尔德弗的 ERG 理论、赫茨伯格的双因素理论等，都在企业的管理实践中，起到了基础而深远的影响。在这些理论的影响下，企业通过激励机制建设，调动员工积极性，使工作更有效率。

第一，需求是有层次的，有针对性进行激励体系设计可以取得更大成效。

在企业实践中，以各层级的员工需求不同为前提，激励手段的设计应有区别与侧重，例如对于高层的愿景共识、事业合伙，对于核心骨干层的持股计划、全面薪酬激励，对于基层员工的福利保障，工作氛围营造等。

这么做的目的一是让不同的激励手段有针对性，起到最大的激励效果；二是基于员工对组织价值贡献大小的不同，给予不同程度的激励，以匹配其价值贡献度。

第二，相对合理的物质激励是员工拥有工作动力的基本保障。

想必我们都听说过蔡崇信放弃 70 万美元的年薪到阿里巴巴领取每月 500 元工资，最终成为缔造这个互联网巨头的功臣之一，并因此创造了巨额个人财富的案例。

这是一个不错的个人励志故事，但笔者认为其并没有多少借鉴意义。一来这只是蔡崇信个人所具备的风险投资意识；二来做出这项决，策时他已经有个人以及家族的财富保障。

对于绝大多数在职场上打拼的人来说，即使他们有一定的风险投资眼光，也不具备承担投资风险的财富保障。所以比起押注未来，更能打动他们的，是当下优越的办公环境、有竞争力的薪酬以及相对的公平性等。因此，组织对员工个性化需求的重视，避免员工产生付出与收益不对等的心理落差等方面是激励体系设计时必须考虑的问题。

第三，成就感、荣誉感、责任感等内在激励是能够激发员工活力的重要因素。

谷歌公司有一些传播甚广的职场事例：例如，公司高管将网站搜索技术方面的问题张贴到员工活动室，被两个市场部的同事看到后完美解决；又例如一个通过创意项目为谷歌带来巨大社会与经济效益的工程师，谷歌不会给予他额外奖励并认为这样做反倒遏制了他的积极性。

之所以这些谷歌员工能够展现出这些积极的举动，原因是他们并没有把做这些事和自己应得多少报酬联系起来，而是完全出于解决这些问题能够为自己带来成就感和荣誉感，这些内在的激励才是真正能够调动起他们主观能动性的东西。

也就是说，真正的激励是要让员工产生一种内驱力。

4. 组织通过监督与约束体系及时纠偏，防范风险，提高执行力

传统的企业管理中，监督体系的存在是为了解决组织在明确了目标计划、配置资源后，仍然需要面对的三个问题：一是了解经营目标实现过程中的资源投入与产出效益；二是规避经营中的内外部风险；三是引导员工不做出有损企业利益的行为。

第一，企业通过管理会计的工作，可以系统的了解到企业的实际经营状况。通过分析企业的营收与利润情况、现金流情况以及资产负债情况，管理者能够即时发现经营中出现的问题，更加科学合理地进行决策。

第二，企业通过内部控制体系建设，以内部审计部门、风控部门牵头，形成对经营管理活动全要素、全过程、全员有效的管控，以此实现企业经营活动有效的监督，防范风险。

第三，企业通过监督体系，确保目标计划得到认真高效执行。企业管理的对象是“人”，无论是“经济人”“社会人”，还是“自我实现人”，“人性”都是极为复杂难辨的。虽然无法对“人性”进行管理，但却需要组织对权力进行监督；对各项工作执行过程进行监督；对结果进行监督与评价。作为管理者，在引导员工不做出有损组织价值的行为时，仍需花时间、精力对“怠惰”“谋私利”等人性的弱点进行毫不容情的监督指正，才能避免这些弱点作祟，在组织中树立正气，确保工作任务得到贯彻执行。

二、传统企业管理遇到的四个挑战

在工业时代背景下，组织对内是一个封闭系统，企业通过对市场的了解和判断来确定一个经营目标，再基于目标的实现确定组织架构与职能，之后通过招聘与选拔实现人岗的有效匹配，并通过激励机制保证每个人高效运转起来。在这样的背景下，企业被当作是一台巨大的机器，管理目标是使这台机器的各部件有效运转，以确保最终产出。

但在互联时代，价值由用户和企业共同创造，企业的一切活动皆围绕用户需求展开，组织成为一个开放系统，通过平台运作整合内部资源，并充分利用和发挥外部资源。在这样的商业背景下，进化与适应成了企业谋求生存的主题，因此诞生于工业时代的传统企业管理也逐渐暴露出了一些与当下环境不相适应的缺陷：

（一）组织僵化与深井效应

今天，大部分企业仍然沿用着科层制的组织管理模式。科层制架构的目的就是为了统筹管理，而统筹管理的代价是企业放弃创业时期直线管理的自由度与灵活性，用责任细分与标准化管理来规范企业的运作。

想让基于统筹管理的科层制组织发挥作用，企业就必须明晰自己的价值创造过程，并能够通过持续提升每一环节的效率来提升组织整体的效率，这是传统企业管理的核心逻辑之一。但该逻辑有一个重要的实现前提，那就是组织的产出要相对明确，例如福特就是在明确生产 T 型车的情况下，将作业的工序拆分，并经由工人在每一道工序上的经验累积来提升效率。

但现在的状况是，外部环境的变化使得企业需要不断识别并把握新的机遇，匹配并利用新的资源，因此，企业的发展变得非连续、不确定。面对这种复杂多变的环境，科层制组织显得低效、迟钝，如同一个越搭越高的积木，看起来很有规模，但实际上由于基础的不牢固已经显得摇摇欲坠。

这种不牢靠的基础反应在企业管理上，就是一旦形成部门之间、员工之间的利益格局，工作模式与行事依据，组织就很难做出改变，即使改变本身确实能带来效率的提高与效益的优化。

这就是组织的僵化。

科层制组织架构的初衷是通过分工提高产出效率，但分工的过度细化则会造成员工只被眼前的事项所驱动，缺乏系统性的思考。随之而来的就是员工只会被事务型工作推着走，而不去考虑如何更有效的产出。于是，同样是拿一个月的薪水，在如何轻松的拿到与积极主动提高工作产出价值之间，员工自然倾向于选择前者。

当员工层面这种僵化、缺乏担当与奉献的行为上升到部门层面，就形成了部门墙。一个典型现象就是：公司的产品出了问题，各个部门之间相互推诿，没有任何一个部门觉得自己应该承担责任，推来推去，问题始终无法得到及时的解决。

随着科层制组织下的管理职能深入发展，部门本位主义的思想就会愈发严重。各部门只为自己部门的绩效负责，部门之间争夺资源、权力、利益，尽量规避任务与责任。往往在企业中一个常见的现象是提出问题和需求的人很多，但能给出方案的人很少，高层做出的决策，通常很难执行下去。各部门就好像处在不同的深井之中，只看自己头顶的一片利益，而忽视企业的整体利益，于是资源内耗加剧，管理成本居高不下。

这便是组织管理中的深井效应。可以说，任何组织走向衰落，都是由僵化开始，最后深陷到了这口“井”中。

（二）组织目标与个人目标无法统一

在目标管理的理论体系中，德鲁克强调目标的制定需要全员共同的参与，以便达成共识、明晰各自的责任以及确定行动方向。然而将这一理念应用到科层制管理下的组织中，虽然形式上没有太大偏差，但效果却大打折扣。

因为无论再强调全员参与，科层制下的组织，其指令都是自上发起，自下接收。员工即使能够参与目标的分解与责任的界定，但对目标制定的依据与意义，始终缺乏理解与共鸣。而一旦目标是来自外部的灌输而非内在的发起与认可，员工的自驱力就会不足。

之所以员工仍旧会毫无忧虑的开始执行，是因为身后还背着考核指标。只不过看起来员工都在勤恳地工作着，但想让他们在工作中有创造性的发挥并主动担责就比较困难，反倒是多一事不如少一事，完成考核就好。

此外德鲁克还指出，在目标共识的基础上，上级还需要通过授权使下属对目标的执行有充分的自主决策。然而对于很多企业来讲，授权都是一件提得多但做得少的事，一方面因为授权本身的好处显而易见；另一方面“一授就乱、一抓就僵”的现象也屡见不鲜。

究其原因，授权这一行为本身，就与科层制组织所追求的统筹管理自相矛盾。

统筹管理需要归集信息，进行中心决策，并在过程中协调资源以追求整体最优投入与产出比，因此统筹管理容错率低；然而授权的结果，是去中心化决策，并追求局部最优投入产出比，因此授权管理容错率高。比较来看，统筹管理与授权管理两者在决策机制、风险可控度以及容错率上截然相反。

多数情况下，一个可行的理论在实践中折戟，首先要考虑的，就是实施环境的不适宜。

（三）激励失灵，员工执行效率低下

尽管绝大部分企业都能意识到激励机制的重要性，相当部分企业在激励体系建设上也花费大量精力与物力，但激励效果不尽如人意，看不到效果，员工的动力问题始终是摆在企业经营发展面前的一道横亘。

实际上，员工的行动力问题不是一个个体层面的问题，而是一个系统问题。从根本上来看，员工动力不足的原因有以下三个方面：

第一，在科层制组织中，权力是向上归集，许多资源的调配需要通过流程向上级请示，所以执行中员工背负了责任，但却无法有效的利用资源来解决问题。

第二，企业经营是一个系统性的行为，需要各环节的协作与配合，但科层制下的组织却是将责任与资源割裂到了不同的部门、不同的人手里。如果没有保障机制让这些部门和人有效的合作，

那么自然就会出现有了问题大家互相推诿、扯皮的现象。

第三，在科层制企业下，经营压力是层层下沉，逐级递减的，并且一些支撑性部门并不直接为业绩承担责任。这就导致了上级忙的团团转，但下级还是你交代给我什么工作，我就做什么，至于完成的如何，我没法保证。

说到底，激励机制的设计与优化，只是一个管理线条上的尝试，然而科层制的组织模式，却是一个管理层面的架构，当“线”层面的努力遇到了“面”级别的问题，结果可想而知。

（四）监督成本过高

这里的监督成本过高，主要是指在企业对各级员工行为层面的监督成本。

在科层制组织管理中，员工的工作任务由组织分配而来，然后为了确保员工能够按照工作计划，有效率地完成工作，就需要有上级对其执行过程进行监督。但是这里就有一个问题，当员工的执行过程可以被上级监督，那么谁又来监督上级的工作，上上级么？那么上上级的工作又由谁来监督呢？

如果组织足够大，这个链条就会一直延续下去，最后员工的产出效率不得而知，但监督的成本一定不小。而且监督的成本高是一方面，另一方面监督效果往往也不理想，因为个体的谋私行为很容易被集体行为掩盖。

心理学家黎格曼做过一个拉力试验，试验分为三种情形：第一种是工人单独拉绳索；第二种是 3 个人一组；第三种是 8 人一组。按照假设，人们在群体工作时会相互促进与鼓舞，从而拉起更重的重量。

但结果恰恰相反：一个人的情况下，平均拉力为 63 公斤；3 人时，人均拉力 53 公斤；8 个人时，平均拉力只有 31 公斤，不及一个人单独拉时的一半。

这就是集体工作时，个体的搭便车行为。而这种行为通常很难监督与控制，并且不可避免。

综上所述，从传统企业管理的提出到今天的管理实践，我们不难看出：分工的确一定程度上解决了生产效率的问题，但分工后的协作却也成了困扰企业的难点；科层制虽然规范了企业的管理框架，但同时导致企业的组织架构日趋复杂以及官僚作风的衍生。于是员工缺乏实现工作目标的内驱力，执行效率低下，跨部门合作困难，监督控制成本过高等问题成了企业发展过程中难以消除的问题。

当外部环境在发生着巨变，企业仍旧拿着旧战略、旧管理模式、旧思维所绘制的地图，在新的环境下自然举步维艰。而企业想要创新，就必须摆脱过去低效的组织结构，重新进行架构的设计，也必须通过机制的设计来营造适宜创新的土壤。

第三章 组织的演化

企业所面临的商业环境正在发生着巨变，无论是技术与商业模式互相拉动的进程，还是竞争所导致的用户需求变化都在以前所未有的速度构建着新的商业环境，影响着企业作为一个组织与外部的协作与竞争方式。

这样的商业环境越来越像是一个生态系统，商业法则延续了“物竞天择，适者生存”的生态法则，每一个身处其中的组织，其首要任务都是如何在复杂多变的环境中生存。

为了更好地生存下去，组织永远都需要处理好两个关键：一是适应。适应意味着企业在当下的环境中需要以一种相对稳定的结构来处理经营活动中出现的各种问题，实现经营目标。二是变化。变化意味组织要随着外部环境的变化以及内部发展的需求而调整现有的组织结构，在充满不确定的商业环境中，把握机遇，谋求增长。

我们看到，适应着眼当下，而变化则是面向未来。组织正是在对当下的适应以及对未来的变化这一平衡关系中不断发展、演化。

一、组织的演化路径

科斯在《企业的本质》中指出，组织的存在是为了降低交易成本。当组织形成后，为了确保内部的有效协同，就需要付出管理成本。因此，组织规模化发展的前提，是对内的管理成本要低于对外的交易成本。如果一项职能的内部管理成本高于外部的交易成本，那么企业就要将该职能外包。

然而，在企业的实际经营中，很难去比较对内的管理成本与对外的交易成本。组织要扩大规模，往往是因为业务需求要招新的员工，成立新的部门。至于随之而来的管理成本，一是很难界定清楚；二是没有人专门去核算。因此，实践中组织的演化与发展，围绕的不是成本，而是组织的灵活性与效能。

处在创业阶段的企业，直线型组织结构往往是首选。因为企业在该阶段资源相对较少，业务结构并不复杂，管理者只需界定清楚企业的发展方向，再由员工群策群力朝目标努力就可以了。

这一阶段企业的典型特征是以速度求生存，所以管理的作用并不突出，组织的一切活动以市场为导向，市场肯为组织的产出买单，组织就能生存下来，否则就落得被淘汰的下场。因此在初创型企业中，全员需要直接面对市场压力，所以直线型组织快速反应市场信息、解决问题的特点就显得十分适用。

当企业夯实了业务，经营逻辑趋于成熟、组织规模逐渐发展壮大后，为了提高其经营效率，就出现了（直线）职能型组织结构。这一组织结构的特点就是职能分化，承担同一责任，拥有相似技能的人被归集到一个部门，以专业化分工提高生产效率。

虽然部门之间各自为政，缺乏合作成为了职能型组织结构的最大缺点，但是这种组织模式的出现解决了工业时代市场供不应求状态下企业在“灵活”和“规模”之间取得的最佳平衡。

而事业部组织的出现，是因为企业的产品线要扩充，经营要跨地域，如果依旧延续（直线）职能型组织架构，管理成本上升的同时，对市场反应的灵活度也会降低。因此，以自治的经营单元为特征的事业部组织就应运而生，解决了企业多产品、跨区域经营的问题。

在事业部组织中，企业会归集一些共享资源（例如法务财务、品牌建设）在总部，同时下放一些经营权（例如资源调配权）在事业部。共享资源归集的程度与经营权下放的程度根据企业的经营特点各不相同，但目的都是为了形成总部资源的共享，并保证分部业务的灵活。

对于寻求多元规模化发展但又受限于有限资源的企业来讲，矩阵式组织则是适宜的选择。矩阵式组织采取的，是通过职能共享来驱动复杂而独立的项目，让项目小组根据用户需求和市场变化来调用各类共享资源，以满足同一市场的多层需求或不同市场的不同需求。

需要注意的是，矩阵式组织中项目运营与职能支撑的双线管理模式却也增添了管理成本。一旦组织运行机制跟不上，就很容易造成管理混乱，造成资源的浪费。

从以上组织的演化路径来看，因为拥有的资源始终有限，所以如何灵活应对市场需求、捕捉发展机遇就成了组织演化的关键之一。而组织演化的另一关键，就是对外追求灵活性的同时，对内也需要夯实组织效能。

然而从直线型组织到矩阵式组织，组织效能的优化升级始终是以内部视角为出发点。这样的视角下，组织是有边界的，组织的效能被认为是源自内部资源的协同。因此，组织管理的出现，就是以协同内部资源为目标，从而发展、衍生出了这样两种模式：一是把“标准定清楚”，即通过制度流程的建设、绩效指标的牵引、标准化作业书（SOP）的指导来让员工明确工作怎么开展，要达到怎样的标准，取得怎样的效果；二是把“氛围营造好”，即通过企业文化建设、领导力建设、团队建设等手段形成内部的凝聚力和牵引力，期望所有的员工劲往一处使，力往一处发。

可是只要组织还是个封闭的系统，对组织效能的提升就会遇到瓶颈，并且上述出现过的组织架构本身也存在着通过"定标准"和"造氛围"都难以解决的问题。

例如随着组织层级的增加，市场压力开始递减，许多企业难以避免的患上了"大企业"的通病，员工开始"居安不思危"。

一是许多老板抱怨说企业大了，就没有创业时的激情了。而这种激情，不单单是创业时期的梦想与愿景，更有追在身后的市场压力。因为越是有阻力的，越是需要自己"跳起来才能得到"的事情，实现起来才会有成就感。

二是当员工感受不到市场的压力与工作的热情，组织只好从内部想方设法"推"着员工往前走，于是从 KPI 考核到企业文化建设都试了一遍，效果却不怎么理想，折腾了一整圈才发现，**如何激励员工成了企业最大的管理成本。**

三是，一旦企业形成了这种封闭式的层级架构，员工不仅难以通过激励发挥创造性，反倒养成了只为上级和流程负责、而不对用户负责的习惯。这就产生了一种有趣的现象：**组织作为整体有使命与愿景，但组织中的个人却缺少使命与愿景；组织作为整体为用户服务，但组织中的个人却为上级和流程服务。**通常造成这种结果的，不是管理不到位，而是在这样的组织框架下，员工没有选择。

因此，现实中许多企业都是"带着问题"在发展，而经营者通常对企业的现状也有一套坦然地说辞，即存在的必定是"合理"的。但是在今天的环境下，在这个瞬息万变的商业世界里，只有"符合趋势"的，才能长期存在。

二、组织的演化趋势

从理论层面来看，科斯关于组织存在的前提，关于交易成本的论述在今天依旧成立：只要对内的管理成本小于对外的交易成本，组织的规模就应该扩大，反之组织的规模就应该缩小。

按照这个逻辑，一旦技术的进步使得外部交易成本远小于内部的管理成本，那么组织演化的趋势，就是没有组织。社会的资源将通过自协同，面向用户场景，提供解决方案，用户既是生产者，也是消费者。

当然，这是理想的状态。但实践中，芬兰的 Supercell，日本的京瓷，中国的华为、海尔等公司已经在组织变革中走在了前列，展现出了组织将作为社会资源协作平台这一趋势的端倪。概括来讲，目前组织的演化，有以下三种趋势：

（一）网络化

这里的网络化泛指一切将非核心业务外包，通过内外部资源协同来开展组织运营的方式。在互联时代，许多创业公司从运营方式来看都是属于网络化组织。在创业期，某公司可能就只有一个技术研发团队，然后产品的外形设计、生产制造、销售渠道等都是通过与其他企业的合作来实现。

房地产行业的绝大多数企业也都采取网络化运营的方式来开展业务。某一房产企业可能就只负责楼盘的开发与运维，楼盘的设计施工、广告代理、销售代理等活动也是通过与其他企业的合作来实现。

网络化是社会资源优化配置的结果，每个网络节点上的组织将资源用在自己最擅长的业务上，然后通过不同节点之间的连接与组合最终会出一个面向用户的交付方案。

虽然网络化组织可以让组织以有限的资源，灵活面对市场需求的变化，但推行网络化运营的组织也需要投入成本做好“需求沟通”与“成品控制”，一旦某一环节这两方面没有做好，可能直接影响到最终的交付方案。

（二）内部市场化

从实践中来看，企业对内部市场化的探索，有如下几种模式：

模式一：内部竞争性小组

市场机制中有一条重要的概念就是优胜劣汰。优胜劣汰是竞争的结果，虽然竞争中存在着资源的浪费，但确保了留存下来的企业能够推动市场朝着健康的方向发展。

企业在内部有意识地将资源分化到不同的小组，让小组之间形成竞争的关系，目的就是在将最终产品交付给市场前，先从内部进行筛选和择优。虽然从短期来看，一部分投入的资源没有获得任何资本上的回报，但这种内部市场化运作机制却保证了企业能够拥有长期的市场竞争力。

芬兰的 Supercell 公司就是在这一方面做得比较优秀的企业。这家公司的业务是手机游戏开发，公司的组织架构呈倒三角结构。位于这个三角结构最上层的，是公司内的十几个研发团队，每个团队自主决定开发什么游戏。而公司的中层提供通用的游戏开发技术架构，保证了游戏的上线速度。公司的高层则位于这个三角结构的最下层，负责对游戏的筛选择优以及商业运营。按照公司 CEO 的话说，Supercell 的高层和中层，都是在为自己的游戏开发团队服务。

在 Supercell，产品的淘汰率（约 9 成）是非常高的，只有为数不多的产品能最终能够上市，然而只要是能上市的产品都取得了不俗的业绩。截至 2018 年第一季度，该公司旗下的游戏只有 4 款，但是在过去的 3 年里，这家公司每年营收超过 20 亿美元，而公司的员工只有不到 300 名。如果分摊下来，Supercell 每一位员工每一年能为公司创造约 700 万美元的收入。

模式二：职能拆分、效率核算

与IT公司短价值链不同的是，传统的制造企业承担从采购、研发、到生产销售等一系列环节的价值链开发。因此，以可交付产品为出发点的竞争机制就难以设计和实施。所以在京瓷，内部市场化走的是以职能拆分、效率核算为基础的阿米巴模式，以此来在公司内部模拟市场化的交易结构。

在京瓷的阿米巴组织中，原本价值链链上的职能部门被拆分成了一个个微小的阿米巴单元。上游的阿米巴向下游的阿米巴交付半成品，下游的阿米巴向上游的阿米巴支付对价，这样叠加传导下来，最终的支付来自于用户。

对某个阿米巴经营单元来讲，用从下游阿米巴获得的对价减去向上游阿米巴支付的对价以及其他费用，这个差值就是该阿米巴单位创造的价值增量。用这个价值增量除以全员的劳动时间，就能获得单位时间的价值贡献，这便是该阿米巴单元的经营效率。在京瓷，各个阿米巴单元之间的单位价值贡献是公示的，因此谁的效率高、谁的效率低，一目了然。而正是这种及时反馈的激励机制，推动着各个阿米巴单元比拼赶超，去创造更大的单位时间价值。

虽然京瓷的阿米巴模式在一定程度上通过单位时间价值贡献盘活了各阿米巴单元的经营，但是市场压力依旧沿着价值链递减。越是位于价值链上游的阿米巴越感受不到市场压力，更无法参与到基于用户价值创造的分配机制中。因为每个阿米巴交付环节的定价是由领导决定，而不是由市场比价决定。这就对领导者的领导素质与经营能力提出了很高的要求，所以京瓷的成功，很大程度上也要归功于稻盛和夫以其经营哲学为核心的领导团队建设。

但京瓷将传统制造企业中的职能部门按任务拆分，通过“领导定价”模拟市场交易行为，再通过核算单位时间内的价值贡献来带动全员的经营意识等措施，都是企业管理中的创新与突破。

模式三：职能并联、用户付薪

然而除去阿米巴模式的创新性不谈，只要各阿米巴单元还是要依赖领导，而不直接面对市场，在感受市场压力的同时，享受为用户创造价值所带来的收益，这种经营模式就只能算是科层制框架下的效率优化。

而这也正是阿米巴模式发展的瓶颈，即企业可以从内部模拟市场化的交易结构，但如果不配套市场化的运行机制，那么阿米巴模式一样会遇到科层制所遇到的种种问题和挑战，例如阿米巴经营单元的僵化，缺乏协同与创新等。

因此，企业对内部市场化模式的探索，就又回到了市场化运行机制的探索上，但这次围绕的不是“内部竞争”，而是“用户付薪”。

这背后的道理很简单，能在市场的竞争中存活下来的产品，一定拥有用户的支付动机和意愿，而用户的支付为企业带来营业收入。这使得经营者在创造用户价值的同时，获得报酬来作为对自己价值创造的肯定，即“用户付薪”是激励市场参与者创造用户价值的动因。所以，企业要加强员工的经营意识，不只是要让员工养成以成本和效率为出发点的思维模式，更要让他们直接参与到为用户创造价值并获得报酬的活动中去。

要想激活员工的经营热情，企业可以通过并联所有的职能部门，让大家一起面对用户，如果用户付薪，那么大家都获得收益，如果用户不付薪，那么大家共同承担责任。

在华为的项目制里，产品的设计、生产、销售等环节就可以通过事前协定的比例分得用户支付的报酬。利用这种职能并联、用户付薪的模式，华为让各环节直接面对用户需求，通过事前协同，群策群力来提供解决方案，在创造用户价值的同时，获得报酬。

以上便是内部市场化常见的三种模式，其中“内部竞争性小组”和“职能并联、用户付薪”的模式是向企业内部引入市场运行机制，而以“职能拆分、效率核算”为核心的阿米巴模式则是向企业内部引入市场交易结构。

实践中，希望推行内部市场化组织的企业，可以采取其中一种模式，也可以是几种模式的混合使用。

（三）生化

当组织开始通过平台协同内外部资源面向用户需求提供解决方案，当组织通过平台为不同资源的协作提供支撑环境，那么该组织便是走向了生化。

在海尔迈向生态组织的转型过程中，企业平台化是基础。海尔通过平台的搭建，一方面让平台下的团队（在海尔称作“小微”）直接对接有价值的用户需求（在海尔称作“单”）；另一方面也让团队通过平台直接与模块化的供应商衔接，完成价值链的整合与产品的交付。通过平台的搭建，海尔的小微可以将主要的精力放在用户需求的捕捉、方案设计等创造高用户价值的环节。而产品的技术实现、生产制造与物流等环节则可以通过平台与内外部资源协同创造。

为了通过平台吸引具有创业精神的团队，海尔创立了“创吧”；为了引入全球范围内的技术研发资源，海尔创立了开放创新平台“HOPE”；为了对接模块化供应商资源，海尔创立了“海源达”。而在看到用户个性化定制将成为未来的趋势后，海尔又创立了“众创会”，来实现用户参与设计、用户参与制造。此外，海尔还拥有自己的即时营销平台、智能制造平台、智能物流平台以及智能服务平台。海尔将这些资源汇总在一起，为海尔的小微面向用户需求、提供解决方案、创造用户价值等方面给予了全面支撑。

因此，组织生化的前提，是组织平台的设计与搭建。组织通过平台沉淀资源、适配资源向业务前端赋能，业务前端面向用户需求提供多元化的解决方案，这便是生态型组织的内在逻辑。

综上所述，组织的演化正朝着网络化、内部市场化以及生化的趋势前进，而这背后对组织的管理，也朝着从让员工面向领导经营到面向用户经营，从对员工的管理过渡到让员工自治，从要员工去执行变成让员工通过共创共享来自激励与自驱动。

过去组织是在为员工提供一个岗位、一份报酬和一个晋升与发展的机会，现在的趋势是，组织是在为员工提供协作场景、提供资源，由员工自己去创造价值并分享回报。

同样的，过去组织是在市场上出售一款产品或者一项服务，现在都在强调组织的产品与服务要深入用户场景，去帮助用户解决问题，满足用户期望，因为只有这样，用户才有购买的意愿和动机。

因此，组织对外面向用户场景，挖掘用户需求，交付有价值的解决方案，对内则是通过一个个协作场景，创造并支撑解决方案的交付。

有价值解决方案的创造与交付使用，使得组织内的协作场景与组织外的用户场景有机地统一在一起，从而界定了组织唯一存在的理由：创造用户价值。

所以，本书的核心，便是从满足用户需求、创造用户价值的角度出发，提出了场景管理的概念，并在场景管理的思维下为组织设计了面向未来的生化蜂窝状组织，以此助力企业发挥未来社会“U 盘化”人才的价值，把握发展机遇，实现企业的可持续经营。

第二部分
管理新概念：场景管理

第四章 场景管理的内涵

一、用户场景：互联时代企业价值创造的原点

2014年，一家名为极链科技的企业成立。到2016年，这家企业的营收只是刚刚突破300万元，然而2018年营收就猛增到5.8亿元，并且同年在短短的5个月内，该企业就获得了超过10亿元的投资，投资方包括阿里巴巴、云峰基金、汉富资本等知名企业与创投基金，一跃成为一家明星独角兽企业。

那么这家企业究竟有何魅力，如此受到资本市场的青睐？

时间回到2012年，当时其创始人金明在观看比赛视频时，萌生了一个商业想法："如果能通过计算机识别来判断球员身份，甚至是球衣的同款购买地址，是不是一种新的购物体验？"

带着这样的想法，在经过2年时间的技术打磨后，2014年极链科技成立。第二年他们就发布了视频识别引擎 Video AI 和视频

小程序平台 Video OS，至此一个拥有万亿市场前景的商业模式逐渐明朗，那便是基于 AI 视频识别技术的场景电商。

他们所做的，是通过 AI 技术将视频拆解成场景，再向场景中定向投放广告，他们的平台一方面连接的是数以千万计的品牌和商家，另一方面连接的就是场景。

从第一代以阿里巴巴为代表的搜索电商，到以拼多多为代表的社交电商，再到极链科技所押注的场景电商，商业与用户场景的联系愈发紧密，并且与阿里巴巴和拼多多自建交易平台不同的是，极链科技是向所有具有电商属性的互联网业态赋能的。

极链科技要做的，是要让商业在场景中发生。

以往人们在网上买东西是通过自己搜索和比较，再到后来是朋友的推荐，而未来更多的，则是在看视频的过程中，直接购买。因为场景电商带来的，是更沉浸的用户体验与更直接的购买决策。

实际上，对于企业经营来讲，产品/服务的提供就是在为用户创造场景，例如百度通过搜索引擎这一款产品为用户提供了一个搜索场景，之后的百度知道、百度贴吧等产品都是构建在用户搜索场景里的商业生态；同样的，腾讯通过 QQ 与微信两款产品构建了覆盖不同年龄段的社交场景，在社交场景中腾讯布局了游戏、资讯、支付工具等业态；阿里巴巴也是一样，其物流、支付、新零售等业态的布局都是在更好地服务于用户的网购场景。

随着 5G 的普及、万物互联的时代也将拉开序幕。而相信未来“用户场景”会被更多地提及与关注，一方面因为好的产品/服务一定要有其应用的用户场景；另一方面也是像极链科技所设想的那样：“商业会在场景中发生。”

因此我们认为，对于企业经营来讲，对外要面向用户场景，挖掘用户需求，并交付有价值的解决方案。

那么在企业内部，组织又是如何通过协调、整合各种资源来创造并支撑解决方案的交付呢？

二、协作场景：互联时代企业价值创造的载体

1984 年 12 月 26 日，张瑞敏被任命为海尔的前身“青岛电冰箱总厂”的新厂长。当时的冰箱厂负债 147 万元，产品滞销、经营困难，甚至连工人的工资都发不出。而 30 余年后的海尔，已经成长为年营业额过 1500 亿元的国际化大企业，连续多年蝉联全球大型家用电器的销售桂冠。

在这 30 余年中，海尔的组织发生了 5 次重大的变革，由最初的直线职能式结构，发展、演化到如今的生化组织（见图 4 –1）。

组织结构	直线职能式	事业部制	市场链	自主经营体	生态化组织
特征	OEC管理模式	战略业务单元	SST管理模式	人单合一双赢模式	平台+小微+创客
年份	1984—1991	1991—1998	1998—2005	2005—2012	2012—2019

图 4 –1　海尔的组织发生的 5 次重大的变革示意图

由图 4 –1 可以看出，1984—1991 年间，海尔采用的是直线职能式组织架构。彼时海尔的产品结构较为单一，指令自上而下，组织管理的核心是“OEC 管理模式”。这种模式的内涵是全方位地对每个人每天做的事进行控制和总结，做到“日事日毕、日清日高”。

随着海尔进入多元化发展阶段，直线职能式组织已经不能适应海尔多产品线、跨地域经营的模式。因此，在 1991—1998 年间，海尔先后采用的矩阵事业部制和事业本部制，以战略业务单元为核心，将不同的职能部门拆分，组合成不同的利润中心和成本中心。海尔在直线职能式组织时期的“OEC 管理模式”也被进一步地发展与应

用，建立起一整套自上而下的责任细分与标准化管理体系。

随着企业的不断发展壮大，海尔也遇到了大企业的一些通病，例如部门墙、组织效率低下、机构臃肿等问题。于是海尔在内部发起了“1000 天流程再造”运动，将组织的各项活动分成了核心流程与支撑流程，并沿用阿米巴模式为组织内引入名为“市场链”的交易机制。

虽然海尔在内部引入了“市场链”，但组织的结构依旧是基于科层制，指令还是自上而下，责任还是细分到个人，因此，虽然海尔的精细化管理体系搭建得十分完善，但员工始终难以创造性地发挥。

因为只要组织还是自上而下的管理，那么员工就没有选择，只能被动地工作。

于是 2005 年后海尔将组织进一步变革，把 8 万多员工划分为 2000 多个自主经营体。过去员工接受自上而下的指令，现在海尔打破金字塔结构，将组织改成倒三角模式，每个自主经营体秉承“独立核算、超利分享”的经营原则，按照内部市场化经营方式让员工直接面对用户，员工能为用户创造多大的价值，就能分享多大的回报（见图4－2）。

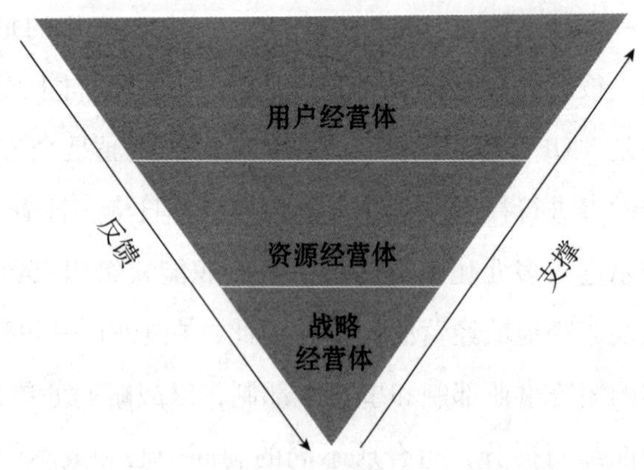

图 4－2　海尔的三级自主经营体

图 4－2 便是海尔将组织改成倒三角模式后所打造的三级自主经营体，位于这个倒三角最上端的是用户经营体，该经营体主要负责用户需求，挖掘与用户价值创造。而位于中间的资源经营体则向用户经营体提供资源支撑，以完成产品/服务的交付。最后位于底端的是战略经营体，负责为组织的发展定方向，服务于上两级经营体。

海尔倒三角组织最大的变化，是将过往自上而下的管理，变成了自上而下的服务，使得以往处于金字塔顶端的高层，开始重视向下的赋能、授权与指导。

从搭建自主经营体开始，海尔就在探索组织与员工的新型关系。过去员工在海尔是为岗位职责工作，是为上级的指令工作。当海尔打破科层制的枷锁，把组织变成自主经营体后，员工就开始为绩效结果工作，开始为自己工作。

感受到自主经营体为组织带来的变化后，海尔在组织变革的道路上更上一层，将自主经营体进一步发展，形成利益共同体，从 2012 年开始，利益共同体进一步演化，形成小微企业。同时，海尔将以往的共享资源沉淀到平台，通过平台协同内外部资源为小微企业赋能，小微企业则面向用户提供解决方案。海尔内部也不再有员工，而都是为了自己的事业在奋斗的创客。

至此，海尔形成了“创客 + 小微 + 平台”的生态组织架构，以及内外部资源“互利共生”的网络化组织形态。

从海尔的组织变革趋势中我们看到，商业组织正朝着网络化、生态化发展。较之传统的科层制组织，生态组织自下而上管理，自上而下服务与支撑，组织通过平台连接、协调内外部资源，实现互利共生。

其中关键差别，是生态组织不再用岗位与职责去禁锢员工的行为，而是为员工提供协作场景和资源支撑，让员工通过与他人的协作、与用户的交互来设计并交付解决方案。

图 4－3 对比了传统组织与生态组织模式下，员工工作行为的差异。

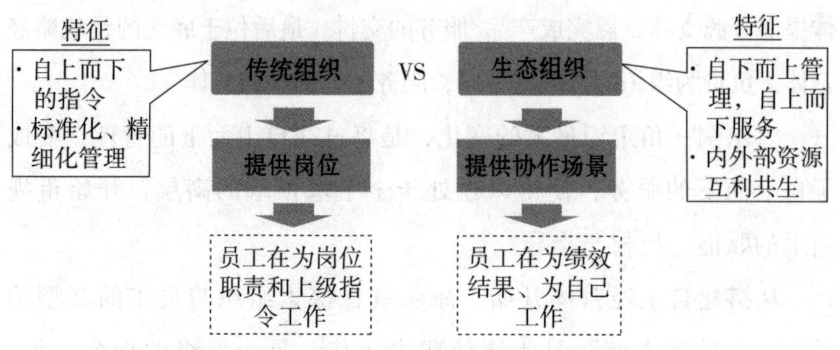

图 4－3　传统组织与生态组织的对比

如图 4－3 所示，在传统组织自上而下的管理中，随着组织运行模式的固化，员工只是机械化地执行上级指令，完成岗位职责，而不去思考自己工作的价值和意义。而当组织变得生化、去边界化以后，市场压力渗透到组织中每一层级，所有员工的绩效结果都要接受市场的考验，因此每一位员工都需要以主人翁的姿态参与经营，去主动发现市场机会、创造用户价值。

"协作场景"这一概念的提出，正是为了强调，比起形式上的分工以及由此带来的岗位和职责的不同，分工后的协同更加重要。过去组织自上而下将目标一步步分解到岗位，员工只要完成岗位所要求的工作就算是达成了绩效。生态组织中的员工不再有上下级的层级观念，每个人只是承担不同的角色，最大限度地发挥创意与主观能动性。

也许组织本来的样子，就是提供一个协作平台，至于组织能够完成怎样的目标，创造怎样的价值，则依赖于组织愿景以及由此而凝聚在一起的人。

三、场景管理：提升有价值的效率

作为企业竞争力来源之一的管理变革与创新，通常会发生在组织中的四个领域，分别是组织架构与流程层面、职能模块层面、员工/团队建设层面，以及经营理念层面（见图4-4）。

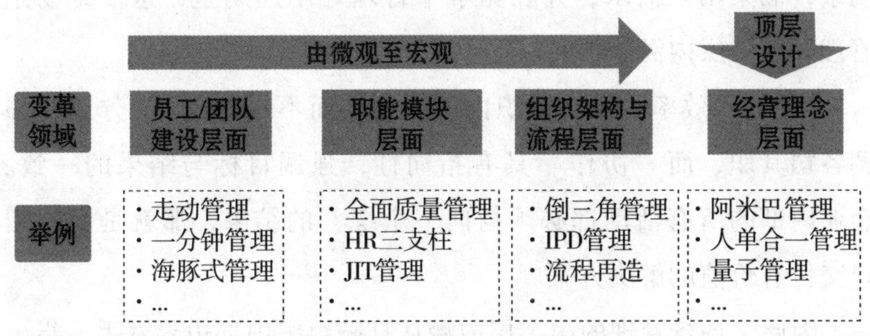

图4-4　组织架构与流程层面

其中经营理念层面的管理创新属于顶层设计，因为由此带来的变革会影响到其他三个层面。例如海尔的人单合一管理，就是出于连接用户价值与创客的目的，将组织改成倒三角模式，进而演化成为网络化、生态组织。在这样的组织形态下，传统的人力资源职能、财务职能等也随之变革，产生了诸如“官兵互选”“预实零差”等管理工具。而到员工/团队建设层面，海尔也在强调管理“去领导化”，让员工自主“创新与创业”。

实际上，管理的存在就是要为经营服务，因此从诞生那一日开始，管理的使命就有且只有一个，那就是为企业的经营活动创造有价值的效率。

作为一种经营理念层面的创新尝试，场景管理的提出，便是试图从两个层面去诠释“有价值的效率”。

第一，“有价值”指的是企业能够创造用户价值。“能够创造用户价值”为企业的经营效率奠定了方向和基础，否则企业内部再有效率，做出的产品用户不买单、不接受，认为没有价值，那么企业越是有效率，衰亡得就越快。

因此，所谓的用户价值就体现在用户对于企业所推出的产品/服务有支付意愿和动机。想要做到这一点，企业就需要深入用户场景，洞察用户需求，并在竞争中管理好用户期望，这便是场景管理的第一层内涵。

第二，“效率”源自组织内的协作，而不是分工。“分工”强调各司其职，而“协作”具有指向性，强调目标与结果的一致。企业内部的所有活动都必须指向一个统一的结果，那就是面向用户交付有价值的解决方案。

因此，场景管理的第二层内涵从打破组织内部边界着手，指出组织要为员工提供协作场景并支持有价值解决方案的交付。

从这两层内涵出发，场景管理有以下几点的管理逻辑：

（1）组织存在的基础不是专业化分工而是基于能力的协同。

（2）组织确定经营方向，员工制定执行目标。

（3）员工通过自激励与自约束来实现目标。

（4）全员的行为最终接受市场的检验而不是过程的监督与控制。

从组织的存在是由一个个协作场景构成，到员工自发地制定目标并通过自激励与自约束完成任务，再到目标的完成要接受市场的检验而不是上级的监督，场景管理试图通过一个新的管理逻辑，来解决科层制管理下的组织机构臃肿，协作困难，组织目标与个人目标无法统一，以及员工执行力不足等问题，让管理聚焦到有效率的价值创造，从而更好地服务于企业经营。

第五章　场景管理的两个管理维度

一、用户期望管理：如何在竞争中满足用户需求

假如市场上只有一家企业能解决某一场景中的用户问题，那么这家企业完全可以定义用户需求。因为无论这家企业提供怎样的解决方案，用户都会觉得这就是自己所需。可一旦市场上有第二家企业提供能满足同样用户需求，并且稍有差异的解决方案时，用户就有了比较。

根据锚定效应，用户在比较第二个解决方案时，会以第一个解决方案为基准，形成对第二个解决方案的期待，即如果第二个方案不能超越预期，那么用户就没有转换的动机。

现实的情况是，市场上有多家企业提供有差异的、能满足同一用户需求的解决方案。每一家企业都努力地做着差异化的产品定位与多渠道的产品营销，企图让用户选择自己。

这便造就了市场上丰富的产品信息，以及用户对某一产品的认知不断升级。企业越是进行差异化定位，用户在选择某一产品时所参考的信息就越多，从而导致用户对产品所能提供价值就要求越高。试想一下，我们如今对一款手机的功能要求与10年前对一款手机的功能要求，是不是发生巨大的变化？

因此，竞争带来的，是用户需求的不断升级。而用户需求升级的结果，就是用户对同类型产品不断有新的期望。所以领先竞争的方式，就是通过对产品价值的重新定义来不断提升用户期望，

从而在竞争中胜出。概括的来讲，用户的期望管理包括三个方面：即基于用户需求的价值定位，围绕用户场景营造价值感，以及提供超越用户期望的产品。

（一）基于用户需求的价值定位

用户的需求来自于某一具体场景中的用户问题。

例如美团大众点评解决了用户外出吃饭但不知道选哪一家的问题；共享充电宝解决了用户出门在外手机没电了的问题；美图秀秀解决了用户想让手机拍出的照片好看但不会使用专业修图工具的问题，而途牛旅游则解决了用户想去旅游但不知道去哪里以及规划行程繁琐的问题等。

在前两个例子中，无论用户出门不知道去哪里吃饭还是手机突然快没电了都是用户对当下状态的不满。在后两个例子中，用户期望自己的照片更好看，以及为自己规划旅行都是用户对理想状态的追求。

即所谓的用户问题不仅有对当下状态的不满，更因想寻求改变而对理想状态有所追求。

从产品的角度看，用户对现状的不满可能来自于现有解决方案的性价比过低，使用过于复杂不能有效地解决问题，或者在使用的过程中存在风险等。而用户对理想状态的追求可能是拥有某种产品后会提高自己的社交形象、提高自己的自信程度，或者因为产品的使用彰显了自己的个性、找到归属感等。

如果产品的存在就是为了满足用户需求、解决用户问题，那么基于用户对现状不满的产品定位就有两种，即便捷实用与高性价比。而基于用户对理想状态追求的产品定位也有两种，即优越感与个性化。这四个维度的产品定位概括性的描述了用户期望管理的起始点，即在某一具体场景中，企业可以为用户提供什么价值（见图 5 -1）。

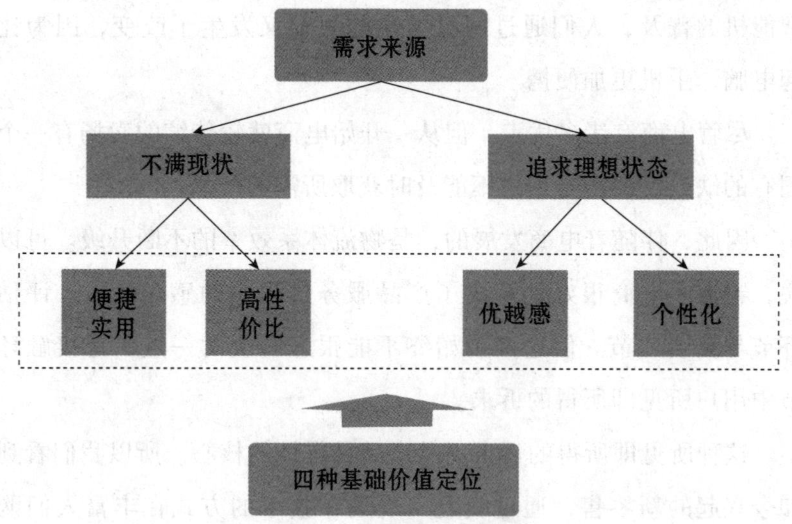

图 5－1　产品四种基础价值定位

对现状的不满通常由过去的经历而来，然而用户可能不会主动寻求对这种不满的解决方案，因为比起改变，他们更倾向于保持固有习惯。除非他们可以通过付出很小的努力就能看到改变的价值。

这一点，正是基于用户对现状不满所做的价值定位的依据，即帮助用户改变现状一定要做到“便捷实用”。

便捷的第一个层面是以用户思维为出发点，在产品的使用过程中体现出用户友好的设计理念。用户友好的设计理念在互联时代得到了极大的追捧：如何减少用户的学习成本快速上手，以及如何简化产品的操作步骤来方便用户使用是每一位产品经理绞尽脑汁所要考虑的事情。

这两点背后，是用户思维的培养。即产品的设计，要立足于用户场景，思用户所思，虑用户所虑，愁用户所愁，想用户所想。

便捷的第二层面，是产品的易得性。电商兴起后，以往我们要去百货商场买的东西现在只需要打开网页就可以下单。随着移动智能机的普及，人们通过网页下单的习惯又发生了改变，因为比起电脑，手机更加便携。

尽管电商有诸多优点，但从一开始电商就较传统的卖场有一个固有的缺点，那便是用户不能及时获取所需的产品。

因此，伴随着电商发展的，是物流体系效率的不断升级。可以说，物流 + 电商很好地解决了产品服务过程中的感知环节，评估环节与反馈环节。但这两者始终不能很好解决的一点，是接触环节中用户所见即所得的诉求。

这种所见即所得的诉求正是产品易得性的核心。所以我们看到如今兴起的新零售，通过线上 + 现场 + 技术的方式在丰富人们购物体验的同时，满足着人们对于产品易得性的深层次诉求。

便捷的第三层面则是使用权与所有权分离。因为用户在得到产品并使用后，产品就会处于闲置的状态，可是对某一用户看来闲置的产品，在另一用户看来则是当下需求的产品，于是这便催生出了共享经济。

从使用权与所有权分离带来的激活闲置以及网络化连接，是共享经济的主要特征。例如共享单车的普及使人们意识到原来可以不用拥有一辆单车就可以使用它。

以往人们使用单车要通过支付价格获取拥有权的转移，并承担养护的责任。如今一辆单车连接了每一个需要使用它的人，用户无需承担养护责任，对被共享的单车即需即用、方便快捷。

另一个使用权与所有权分离的例子，是微信的小程序。以往我们想要使用一款 APP，得先下载，即拥有这款 APP。但小程序出现后，用户便可以通过微信的入口对各种 APP 即需即用，用完就走，这极大地提高了用户使用 APP 的便捷性。

在产品便携性基础之上的，是产品的实用性。

因为任何一款产品的存在，都是因为产品解决了哪些问题，节约了什么成本，降低了怎样的风险等。只不过判断一款产品是否实用的，不是企业，而是用户。而想要获得用户认可的实用性，企业就一定需要深入用户场景，通过不断的用户交互来设计、打磨与塑造自家的产品。

这一点在创业期的公司尤为重要，因为听取用户的声音，快速迭代，在与时间的赛跑中更有效把握用户反馈的企业，成功的概率往往更高。

以上便是基于用户对现状不满所做的第一个价值定位：便捷实用。第二个基于用户对现状不满所做的定位关注的是所提供解决方案的高性价比，这包括两个层面：①相同或者更好条件下价格更低；②价格差异不大的情况下提供更多的增值服务。

通常，人们愿意为品牌付出溢价的原因有以下几种：①比起所购买的物品，人们追求的是该品牌所带来的自我认知以及来自他人的评价（奢侈品就是一个典型的例子）；②人们可能会因为低价而产生对产品风险属性的担忧，即人们愿意支付高价来确保产品没有会影响到人身安全或其他不可承受的风险；③用户对某一品牌有很强的黏性，往往品牌会成为自己购买的唯一决策依据。

但是当我们排除了品牌溢价以及个人偏好对用户购买决策的影响，回归到产品/服务本身，用户的决策依据会以性价比为首要出发点。因为谁都希望花更少的钱，买到更好的产品。

第一，用户购买任何产品都有付出了金钱但得不到好东西的担忧或经历。因此小米手机刚开始的市场切入点是通过高跑分但低价格的手机迅速聚集一批发烧友，建立用户圈子与用户社区、精准定位自己的服务对象、培养用户黏性与信任感，之后再通过用户圈子与社群向外传播影响力。

第二，交易中用户也会关注除产品以外的人性化服务。因此，阿芙精油打开市场的方式是除了寄给用户的精油外，还免费赠送用户湿巾、调配瓶、香薰器、眼罩、面膜等小件，并且有写给用户的卡片和信件，从而带给用户额外的惊喜。

这一惊喜使得过去冷冰冰的钱物交换变得有温度，增强了用户体验，从而提高了用户黏性。

综上所述，基于用户对现状不满而产生的价值定位有便捷实用与高性价比，前者强调对用户解决方案的功能感知，后者强调用户对该解决方案的价值感知。而往往能激发用户需求的，除了对现状的不满以外，还有就是对理想状态的追求。

基于对理想状态追求的定位有两种，即优越感与个性化。前者强调用户的外在感知，后者强调用户的内在感知。两者皆是对自我状态的一种感知方式，只不过前者更突出联系与对比，后者更突出存在与归属。

围绕优越感的定位最典型的就是奢侈品。奢侈品最明显的特征就是用户愿意为品牌支付高溢价以换取社交认可，以及身份认知。

从奢侈品的提供商角度来看，奢侈品的设计、品质和质量都是在为用户塑造一种身份信号，这种身份信号能够彰显奢侈品拥有者的品位身份和特征。而从用户的角度看，之所以青睐奢侈品，是因为奢侈品牌能帮助用户快速的做出决策，节省用户的时间成本，并且无须担心选购之后的各种产品风险。

有两种策略在奢侈品的营销中起到了非常关键的作用：一是计划淘汰；二是提高购买门槛。

实际上计划淘汰最早就是诞生于奢侈品行业，指的是奢侈品销售商会按季度淘汰旧款，推出新款，以限定某一款产品在市场上的流通量与流通时间。这就给用户带来了一种紧迫感，即看上的产品如果不立刻下手的话，该产品很快就会被下架或者售空。同时，对买到当季产品的用户来说，则会产生一种拥有稀缺物品的满足感。

提高购买门槛指的是用户在购买奢侈品的时候，得先从配件或基础款买起，才有资格去购买经典款的产品。这么做是为了强化用户对奢侈品的认知，提高用户在买到心仪产品时的价值感。

奢侈品的这两种营销策略，其基本的出发点，都是让拥有奢侈品的用户产生一种优于他人的体验。因此，从奢侈品的例子可以看出，企业想要基于优越感做定位，核心一定是帮助用户打造社交认可与身份认知，以此塑造品牌形象，提高产品溢价。在用户需求升级的今天，这是一个发展方向。

如果说奢侈品满足了用户对于优越感的追求，那么私人定制化解决方案则满足了用户对于个性化的追求。

随着大数据技术、物联网技术、柔性化生产技术与人工智能技术的发展与技术成本的降低，私人定制化解决方案正在一步步发展与普及。因为从认可用户是一个独特的个体出发，了解用户不一样的诉求，并提供针对个人的解决方案，企业在价格设置上就拥有了弹性空间，同时也方便了用户按需购买，提高了用户的价值感知。

例如与以往固定的旅游线路不同的是，私人定制化旅游针对不同层次、不同类型的用户需求提供解决方案。在消费升级的浪潮中，用户更加强调出行旅游中的舒适性、趣味性与自由灵活。对于旅行社来讲，如果以往提供的是标准化的旅游产品，那么现如今则提供的是模块化的旅游体验。

从提供产品到提供体验，私人定制的旅游模式在赚取高客户溢价的同时，还能提高用户的满意度。

我们同时也注意到，随着用户个性化需求的崛起，他们也更加渴望的有归属感。这背后的逻辑是："人是怕孤独的，个性的展示是为了向能接纳自己的群体发出信号"。因此基于相似兴趣而凝聚在一起的各类型圈子不断出现在我们的视野中，例如 cosplay 圈、古风圈、动漫圈、摄影发烧友圈、自驾游驴友圈等。而各种圈子对商业的影响，在于圈子内的用户既是产品的使用者，更是产品的传播者。而后者能为企业带来更高的用户黏性与用户价值。

许多企业在发展过程中也往往先通过品牌文化建立起小众圈子，再延伸至大众。例如星巴克最初是将意大利的咖啡文化移植到美国，然后通过定位办公楼里的白领迅速建立起带有小资格调的咖啡文化，再一步步被大众所接受；哈雷摩托至今以其富有感染力文化精神被人们所熟知，甚至一提到哈雷摩托，就自然联系到一群追求自由的、冒险的，带有哈雷精神的人。可以说在未来的商业环境里，基于用户差异化需求提供解决方案固然重要，但建立起自己的用户圈子，才是企业赖以持续发展的基础。

以上便是基于用户对现状不满以及对理想状态的追求这两个层面所做出的价值定位，即便捷实用、高性价比、优越感以及个性化。这四个维度的定位是用户期望管理的第一步，即明晰企业在某一具体场景中，可以为用户提供怎样的价值。

如果说第一步是确定能为用户提供怎样的价值，那么用户期望管理的第二步，则是让用户知晓企业的产品能够为其提供价值，即通常意义上的营销。只是在场景思维下，我们将从一个全新的角度来梳理，阐述企业的营销体系。

（二）围绕用户场景营造价值感

用户在产品服务过程各环节的行为与认知构成了用户场景。在每一个用户场景中，企业都通过不同的方式和渠道与用户发生着联系。而每一次与用户的联系，都是企业可以展开营销的一次机会。

上文提到过产品服务的各环节包括感知、评估、接触、使用与反馈。相应的，企业可以展开营销的用户场景也包括感知场景、评估场景、接触场景、使用场景与反馈场景。基于这个五个相互关联的场景展开的营销活动，便是企业的全场景营销体系（见图5-2）。

因为广告中的场景已经被植入到他们的脑海中，当生活中出现类似的片段时，相应的神经回路被激活，用户就自然联想到嵌入在场景里的品牌。

用户场景	营销重点	目的/效果
感知场景	捕捉用户注意力	建立用户对解决方案的需求
评估场景	体现与竞品的差异	促进用户选择
接触场景	提供沉浸式体验	促进用户购买
使用场景	以产品为营销媒介	二次传播
反馈场景	巩固用户关系	促进产品迭代升级

图5-2　全场景营销体系

1. 感知场景

所谓感知场景，指的是用户在特定场景下通过各种渠道对某一产品的产品信息的感知。这样的渠道包括电视广告、户外广告、网络媒体，以及产品使用者的口碑传播等。

随着传统媒介成本的上升，内容营销越来越受到商家的推崇，因为与传统电视广告面向大众市场强调覆盖面不同的是，内容营销从目标用户会主动关注的渠道着手，通过内容的设计提高用户体验。

例如在日本成立超过 300 年的杂货店中川政七商店每天上午 10 点都会在其官方博客上更新内容，为用户讲述其所售产品背后产地的人文地貌以及文化传统的故事，以期建立用户与产品更深层次的情感链接；而英国的化妆品牌 Lush 在其官网上为其用户展示了产品生产过程中手工制作的视频，通过让用户见证产品工艺与匠人们卓越的技法，提高用户的好感与信任度。

在感知场景内，营销的目的是激发用户对解决方案的需求，并通过内容来增强用户对企业所提供解决方案的信任与兴趣。例如在中川政七与 Lush 的例子中，无论是自然风光、文化传统还是手工制作，商家都是通过营造一个理想的生活状态来吸引用户。我们知道在当下的商业环境里，用户每天接触到的商品信息琳琅满目，应接不暇，因此在构建感知场景、传播产品信息时，商家都期望通过更好的内容设计来传播品牌形象，占领用户心智资源。

那么为了有效地占领用户心智资源，在营销内容的设计上又要遵循哪些规律呢？

其实生活中我们都成为过商家营销的对象。可是面对每天过载的信息，如果内容和我们不相关，我们便不会刻意去关注。即使这样的信息无处不在，使我们不得不关注，但如果产品信息本身过于复杂，我们也很难生成购买的动机。再者，即使产品信息能够激发我们的需求，在真正做决策前我们也会存在各种各样的顾虑，例如付出了时间与金钱但没有买到满意的产品等。

此外，极有可能出现的一种情形是虽然广告的信息能引起我们的兴趣，但我们对解决方案的需求却不是迫切的，而是之后在一个具体场景中，我们因为要解决某一问题、产生了某一诉求，才会联想到之前接触过的产品信息。例如我们在看过凉茶广告后并不会立刻去购买凉茶，但我们在吃红油火锅时，却极有可能因为怕辣而喝上一罐凉茶。

从以上的情境中可以推导出，用户的心智有以下规律：**即用户的心智更关注与自己相关的信息，用户的心智厌恶复杂、喜好简单以及用户的心智由场景激发**。

在互联时代，唯一的稀缺资源就是用户的关注度。因为用户的关注带来流量，流量转化为购买，而购买则直接为企业创造收益。因此，为了获取用户的关注，在感知场景中的营销设计，就要以用户的心智规律为基础，**做到以用户的视角为导向、简洁易懂，并落实到具体应用场景**。

第一，在设计营销方案时，以用户的视角为导向重要的一点就是，从用户的立场出发，他/她可以不用知道产品功能背后有哪些技术要素，只需要知道该产品在何种情形下如何使用，并解决了什么问题。

例如在脑白金的经典广告“今年过节不收礼，收礼只收脑白金”中，脑白金所宣扬的改善睡眠、延缓衰老、提高免疫力等功效，以及核心成分松果体褪黑素的保健价值却只字未提。因为作为该广告所针对的购买对象来说，他们需要解决的是逢年过节回家孝敬父母、送礼物的问题，而不是给如何给父母挑选一款满意的保健品的问题。

从脑白金的例子中我们还要注意的一点是，企业在以用户视角设计营销时，更注意分清楚谁是产品的购买者，谁是产品的使用者。有时候，企业从自己产品的购买对象出发，甚至还可以延伸出新的商业模式。

与传统剃须刀基本上不是黑色就是银色的配色不同，奔腾剃须刀在颜色的选择上就比较活泼与鲜亮。因为在市场调研的基础上，奔腾发现剃须刀的零售铺面里有一半的产品是女士买走作为礼物送给男士了。基于这个观察，奔腾调整自己的发展战略，以为男士购买剃须刀的女士为目标用户来设计产品，展开营销。而对女士来讲，产品的外观往往比产品的性能重要，因此这才出现了奔腾桃红与黑色拼色的剃须刀。

第二，营销方案之所以要设计的简洁易懂，是**因为营销不在于能为用户提供怎样的信息，而在于能让用户记住怎样的信息，并产生品牌联想**。所以我们看到沃尔沃汽车的广告无不在传递着产品的安全性与稳定的操控；迪士尼的“造梦”广告背后，是一个个家喻户晓的动画IP；苹果“Think Different”广告的背后，成功的塑造出了一个敢于打破传统桎梏的挑战者形象。

反之，许多企业的广告做得十分高端唯美大气，但用户却不知所云。虽然这背后也有企业刻意塑造的品牌形象，但是对于高格调、复杂晦涩的内容，用户是没有多少共鸣的。没有共鸣意味着用户不会对产品留下多少印象，更不会形成二次传播。在这方面，许多汽车厂商的广告都容易陷入这个怪圈。例如宝马的广告词“随心所动、悦无止境”；奥迪的广告词“权力控制一切，你控制权力”；别克的广告词“成功只是一个逗号”等，说得很好听，但是也很难懂。

第三，营销的设计要将用户的需求落实到具体的应用场景当中，让熟悉的场景激发用户对自己现状的感知，对理想状态的感知。例如可口可乐总是在中国传统节日前推出一些描绘一家人围坐在一起吃饭，饭桌上放着可口可乐，一派温暖祥和的场景；耐克的篮球鞋广告，经常围绕 NBA 明星在赛场挥汗拼搏、取得成就的场景；而丰田的一款 SVU 广告，描绘的则是一家人开车出去旅行的惬意场景等。

看过这些广告的用户，当用户逢年过节家庭聚会的时候，就能想到给餐桌上放一大桶可乐；当用户想要买一双可以让自己在篮球赛场上发挥实力的球鞋，自然想到了耐克；而当用户想买一辆 SVU 车，带着家人去旅行时，就自然地想到了丰田。

因为广告中的场景已经被植入到他们的脑海中，当生活中出现类似的片段时，相应的神经回路被激活，用户就自然联想到嵌入在场景里的品牌。

2. 评估场景

在感知场景中，企业通过营销手段使得用户了解到自己的问题与诉求，并建立起对解决方案的需求。然而，由于市场上存在着不同类型的解决方案，用户在决定购买前，还要经由不同的渠道对选择对象进行评估。因此，企业营销的目的不仅是让用户产生需求，更要让用户只选择自己。想要做这一点，企业不仅要体现产品的差异化价值，还应关注用户从哪些评估渠道在了解自己的产品。

在当下的商业环境里，营销除了要突出趣味、彰显个性、吸引用户眼球以外，还应该回归本质，与产品发生联动。即无论营销怎么包装，用户对企业所宣传的价值的判定，始终来自于产品本身。而用户对产品本身的价值判断来源于两方面：①与竞品比较起来，你的优势在哪里。②你所体现的优势是否为我所需。由于竞争的存在，企业无论是产品设计还是营销方案的设计都要追求与竞争对手的差异化，以此才能在目标用户的心智中建立起有鲜明特点的价值主张。这就要求企业在设计营销内容时，也应该把竞争对手的广告形式、广告内容，以及竞争对手通过广告所传递的产品价值研究清楚。基于此，企业在宣传自己产品的时候才能更好的定位自己所能提供的差异化价值。

例如当所有的白酒广告都是宣传自己的历史传承与工艺时，凉露提供了一个舒缓用户吃辣导致胃部不适的白酒产品；当所有的感冒药都针对不同的感冒类型强调对症下药时，白加黑强调服用它的产品白天能保证工作效率而晚上能保证良好睡眠。可以说，差异化的营销是品牌形象最直接的传播手段，尤其是在产品信息过载的信息时代，没有特色与亮点的传播，很快就会被用户遗忘。

我们注意到企业在做差异化的产品信息传播时，经常绕不开的一个问题是如何展示产品的功能。因为产品功能如果讲的复杂了用户可能不理解。但如果讲得简单了，又感觉没有突出产品的价值。虽然讲多讲少是一个程度把握的问题，但对如何展示产品的功能才能更好被用户接受也是有技巧可以遵循的。

对于产品本身来讲，其功能可以分为三个层次，即产品的核心功能、产品的附加功能与产品的延伸功能。对于用户使用来讲，产品的核心功能必不可少，只是从竞争的角度来看，同类产品核心功能的差异并不是很大，其差异点主要存在于产品的附加功能，以及由附加功能带来的，可以被用户感知的延伸功能。因而，企业差异化营销围绕的，通常不是产品的核心功能而是产品的附加功能与延伸功能。

如果将智能手机的核心功能定义于通话、拍照、上网与使用应用软件，那么OPPO手机的附加功能就是快速充电与相机美颜，而基于这两项附加功能，用户能感知到的延伸功能则是可以使用OPPO手机尽情地自拍又不担心电池消耗过快。基于这些产品特性，OPPO手机推出了一系列的广告来定位其所要传达的差异化产品价值。

通常，用户在接收到产品信息后如果有意向对产品进一步了解，还可以通过多种渠道来获取相关的信息。例如企业的网站，其他用户的评论，微博微信等自媒体，以及一些问答网站：知乎、百度知道等。因为无论企业在广告里宣传的多好，用户总能通过网络上搜寻到的信息来做进一步的判断与评估。

因此对与企业的营销来讲，虽然定位做得好，也能激发用户针对自身的痛点寻找解决方案，可如果网络上搜到的都是关于该企业产品的负面信息，那么用户很可能会去寻找替代方案，使得企业花费代价所做的宣传，是为别人做了嫁衣。所以在当下的环境里，企业所考虑的，不应只是某一营销渠道所具备的信息量与覆盖面，而更要考虑不同渠道下企业产品信息呈现的一致性。

3. 接触场景

往往用户在对感兴趣的产品进行信息搜集与评估之后，在真正购买之前还是希望与实际产品接触一下来做最终的决策。

我们知道电商的兴起极大地方便了我们的购物体验，但电商始终不能很好解决的一个问题就是产品退货率的居高不下。因为用户在电商网站只能接触到以图片或者视频为载体的产品信息，不能够直接与产品发生互动。而在正真接触到产品后，就容易造成内心的期望与现实情况的落差。

但是在传统的购物渠道例如综合卖场里，用户是可以直接接触到产品的。多了这一层接触环节，用户就能更充分的判断自己对产品的诉求是否真正得到了满足。于是我们看到纯粹以互联网电商起家的品牌例如小米、三只松鼠等也开始极力发展线下体验店，就是为了重拾线下零售与用户近距离的交互优势。

在接触场景里，营销最重要的目的，就是在各用户接触点上提

供沉浸式的体验，带给用户惊喜。我曾经参观过可口可乐在亚特兰大总部的体验中心，在那之后但凡有喝可乐的需求，就一定是选择可口可乐，并且尤其喜欢在可口可乐体验中心尝试过的玻璃瓶装。想来这种感觉非常奇妙，因为在那次的参观之后，可乐在自己心目中的定义就只有可口可乐。

从营销的角度看，可口可乐之所以能在笔者的心目中植入如此强大的产品定位，是因为做对了三件事：

第一，可口可乐的体验中心在参观的一开始，就制造了一个令人好奇的悬念，即在体验中心，放着可口可乐的秘密配方，而据说知道这个配方的人，全球只有三个人，并且每个人只是知道其中一部分。而我们行程的终点，便是存有这张配方的保险柜。按照导游话说，我们最终将来到距离这个世界级的秘密只有一墙之隔的地方。

第二，在整个参观的过程中，我们了解到了整个可口可乐的发展历史，知晓了可口可乐这个品牌背后许多有趣的小故事以及浸染了可口可乐所宣扬的理念与价值观。根据心理学的纯粹接触效应，个体对与外在的某种刺激，仅仅是因为接触的次数越频繁，就会对该刺激的主体越喜欢。这一心理学效应也有一个通俗的说法叫作多看效应，即对某一事物见得越多，就会越喜欢。

其实许多广告都遵循了这一效应，企图通过重复的呈现来加深用户的印象。根据营销数据的统计，通常用户在决定购买某件产品前，通常会接触到 15 次左右该产品的信息。但在那仅仅一次的参观中，我们就接触到了可口可乐成立百余年来各种别出心裁的创意营销内容与展品。

第三，在导游一路上的铺垫下，我们来到了存放那张配方的密闭房间里。其实那是一间可以提供 4D 环幕电影的房间，在那里我们又以微电影的形式观看了更多关于可口可乐，以及那张神秘配方的故事。在故事的结尾处，墙面突然打开，一时间灯光、音乐还有每次打开可口可乐都能闻到那种沁人心脾的香草气味充斥着整个房间，那个装着可口可乐配方的保险柜就这样被呈现在了我们的面前。

由于我们只能隔着保险柜想象那张配方的样子，于是导游承诺说在这之后，我们还可以不限量、不限次的品尝可口可乐旗下多达100多种的饮料，并且在离开的时候，每个人还能拿两瓶冰镇过的、玻璃瓶装的可口可乐经典款。可以说，在参观最后的高潮阶段，我们感受到了来自声音、气味、视觉、味觉、触觉等全方面的感官刺激。而这，便是沉浸式体验所能做到的极致。

在消费升级的环境下，人们对产品基础功能的诉求越来越弱化。与此同时，由产品功能组合带来的核心体验，以及由品牌故事、产品情怀与产品标记价值等要素构成的附加体验，成为了新环境下新的消费驱动力。

因此有人认为营销就是讲一个好故事。从可口可乐的体验中心的经历里，我们能看出来一个好的营销故事可以是这样的：

首先，一个好的故事要具备悬念才能引发用户关注。即我们从参观的一开始就好奇那个神秘的配方到底存在哪里，是什么样子等。其次，一个好的故事要有足够的细节。在参观的过程中，我们了解到了许多关于可口可乐的趣事，例如最早可口可乐其实是一种减缓头疼的药剂，并且是绿颜色的。再次，一个好的故事要能引发用户的情绪共鸣。在了解可口可乐跌宕起伏的发展史的过程里，我们仿佛置身其中，也能感受到可口可乐所取得的成就带给我们的自豪感。最后，一个好的故事背后，一定要有好的产品作支撑。一个好的产品与好的故事是相辅相成的，但是一个低于用户期望的产品却能让一个好故事，变成一个坏故事。

4. 使用场景

通常我们认为产品到了使用阶段就与营销没多大关系了，但对企业来讲，最好的营销，其实是产品本身。因为所有营销的落脚点都是产品，无论营销怎样包装和宣传，从用户接触到产品的那一刻，他就能通过使用建立起最直接的产品认知。

以产品为媒介做营销有三个不同方面的体现，即**口碑营销、共生营销以及产品即营销平台**。

口碑营销指的是满意的用户会主动对产品进行传播。借助互联网技术，如今的营销方式层出不穷，但口碑营销始终被认为是转化率最高的一种传播方式。因为在口碑营销的传播过程中，不同类型的用户从体验者的立场出发，以信任为纽带，对产品体验进行分享。

纵观海底捞的发展，离不开口碑营销的助推。尤其是在没有点评网站和自媒体的时代，海底捞以“服务”为核心的营销全靠满意的用户众口相传；网易云音乐在初期也是因为友好的设计界面，文艺幽默的音乐评论得到了众多网友的推荐与传播；而如今已经成长为顶级互联网企业的脸书，最初也是通过校园内用户的传播得到了发展。

共生营销指的是两种或以上不同产品之间互相宣传推介的方式。共生营销的形式可以是关联商品之间的相互促销，例如卖种子的商家与卖化肥的商家互相在产品外包装上打广告，或者是临近的旅游景点、餐厅、酒店的相互推荐等。

共生营销的产生是由于产品面对同一用户群体，相互推介就能互相扩大影响力。例如当年蒙牛酸酸乳与湖南卫视的超级女声都是主打年轻消费者的市场。因此蒙牛成为超级女声的赞助商，通过产品外包装广告为其造势，而超级女声在电视上播出的时候也为蒙牛酸酸乳站台。

产品即营销平台指的是某一种产品基于其用户覆盖面为其他产品传播推广的营销方式。例如百度、谷歌等搜索引擎的商业模式，一方面基于自己推出的搜索平台为用户提供免费的搜索服务；另一方面基于巨大用户的流量为其他企业做广告并以此收费。

除了这些典型的互联网公司外，实体的产品也能成为推广平台，例如美国有一个名叫西南偏南的音乐节，本身以潮流音乐的噱头聚集了一大批追求新鲜、个性、前沿事物的人们，后来成为许多前沿科技企业发布产品的平台。因为本质上，喜欢潮流音乐人们通常也会对前沿科技感兴趣。

由以上的分析和例子可以看出，产品除了有本身的功能属性以外，也逐渐被挖掘出其媒介属性。因为对于营销来讲，只要是能和用户发生联系与接触的渠道，都可以成为产品信息传播的载体。

5. 反馈场景

用户对产品的反馈，是最直接告诉企业它的产品为用户提供了何种价值的方式。通过用户反馈，企业不仅可以了解到自家产品的优势、潜在的问题与改进机会，也可以营造用户对产品的信任感与参与感，提高用户的体验。

然而做好用户反馈并不是一件简单的事。

首先，因为用户的反馈渠道多元化。通过互联网，用户可以采取邮件、论坛、点评网站、微博、QQ 等不同渠道进行反馈，而对于来自不同渠道反馈信息的收集、整合、分析、和及时响应是一项十分复杂的工作。其次，用户的情绪难以照顾。如果企业不能很好地解决用户的不满意，用户的负面反馈就很有可能通过社群效应与网络效应酝酿与蔓延，最终发展到企业难以承受的地步。最后，并不是所有的用户反馈都是有价值的，企业需要在庞杂的用户反馈中找寻那些真正有价值解决的用户问题。正是因为这些原因，用户反馈也常常被认为是企业运营中最基础，但也是最难做好的工作。

想要做好用户反馈，企业可以从以下三个方面着手：

第一，企业的运营人员需要培养用户思维，从用户的立场出发，在产品的使用场景中想用户所想、思用户所思才能更好地体会用户的感受。

第二，尤其是对于创业公司，其创始人员必须参与产品的使用，通过对产品的使用及时了解产品特性与改进点，并参与和用户互动。例如知乎在早期的运营中，其创始人员经常活跃在这个知识社群里，并且形成了自己的粉丝群，这对知乎的传播起到了一定的助推作用。

第三，在用户反馈信息的收集与分析中，企业要特别关注那些重复率高的声音，因为如果企业绝大多数用户都关注同一个问题，那说明企业的确要在这个问题上采取行动了。

在用户的反馈场景中，任何一次与用户沟通的机会，都是企业宣传自身形象的一次契机。只是往往随着企业规模的扩大、用户规模的扩大、产品进入成熟期等因素的影响，企业在聆听用户声音上面所花费的成本也越高。因此，有些企业选择将这一部分运营活动外包出去。

但是，在如今商业环境愈发复杂不可测的背景下，只有离用户越近的企业，才更能拥有竞争优势。因为通过用户了解自己、了解竞争对手，以及更要了解用户本身不断变化的需求，才是企业可持续发展的动力。

以上便是从用户对产品/服务各环节的行为与感知入手所构建的，基于用户场景的全新营销体系，同时这也是用户期望管理的第二步：让用户知晓企业的产品/服务能够为其提供价值。而用户期望管理的第三步，是向用户提供超越其期望的产品/服务。

（三）提供超越用户期望的产品/服务

如今我们提到苹果的产品，自然联想到其简洁的产品设计、友好的交互界面以及便捷实用的产品功能。但在苹果的发展历程中，它也曾推出过糟糕的产品并遭遇在很短的时间内就被市场所淘汰的情形。

1996 年，苹果曾经联合万代推出了一款名为 Pippin 的游戏主机，可以连接电视以及浏览网页。合作初期两家企业信心满满的投入了大量资源，但随后惨淡的销售业绩却直接导致了两家企业的 CEO 纷纷离职。因为苹果推出的 Pippin 不仅没有带给用户任何惊喜，反倒是连用户最基本的期望都没有达到。究其原因，作为一款游戏主机，Pippin 所支持的游戏不够多；而作为一款联网设备，用户体验又很糟糕。所以这样一款核心功能不突出、附加功能用户又不买账的设备，自然摆脱不了被市场淘汰的命运。

然而苹果在 2007 年推出的 iphone 却是完全另外一番景象，在诺基亚、摩托罗拉以及三星等巨头林立的环境下突围而出，重新定义了手机产业，为自己营造了一片蓝海市场。尤其是在 2008 年推出的 iphone 3G 更是在短短 5 个月的时间内在全球卖出了超过 1000 万部。

苹果手机的成功，是因为苹果将手机产业带入了另一个成长曲线，即智能手机时代。在苹果手机推出第一代 iphone 时，除了在手机原有的通话功能、收发短信的功能上基于用户使用情况做了优化以外，更是做了两件具有划时代意义的事情：第一是通过流畅的手机系统搭配触屏操作完全颠覆了手机上的机械键盘，第二是以手机为载体创造移动应用的生态。而如今这两点，成了所有智能手机的标配。

从 iphone 成功的例子可以看出，一款产品之所以能够超越用户的期望，首先，它应该具备在用户的感知范围内，这款产品所应有的基础属性。其次，在基础的必备属性之上，这款产品还应该有能够超越竞争对手，并被用户欣然接受的亮点，即产品的尖叫属性。而从 Pippin 失败的例子可以看出，一款产品如果在核心功能上不能达到用户预期，任何对产品功能的扩展都是具有反向作用的。因而综上所述，**一款超越用户期望的产品，应该做到完善基础属性，追求尖叫属性，以及避免反向属性。**

企业对产品基础属性的界定，来自于对竞品的了解。因为所有的竞争都是在不断重新定义用户需求，而一旦新的用户需求被重新定义，以往产品的尖叫属性也会变成基础属性。例如今天所有的智能手机如果不具备触摸屏以及应用软件，用户便无法接受；例如今天所有的电视都应该具有接入 wifi 浏览网页、看网络视频功能属性等。反观 10 年以前，用户对手机以及电视所应具备的基础属性，完全不是现在这个样子。

对于产品的尖叫属性，小米的创始人雷军有过这样一番言论能很好地表达出小米的产品观。他对外宣称小米是没有 KPI 的，如果有，那他们就只有两个 KPI，第一个是用户使用了他们的产品之后是否会尖叫；第二是用户用了他们的产品之后是否会选择推荐给朋友们。

的确，小米无论是在智能手机还是智能家居上取得的成绩，无不来自于他们对用户期望的洞察。小米在智能手机上的打法，一个是坚持性价比；另一个就是围绕用户社群、挖掘用户需求、快速迭代产品。当小米进军智能家居产业时，也是延续这两点坚持。例如售价仅 49 元的插线板，仅研发投入就高达 2000 万元。该款插线板为用户提供了多个 USB 接口以及夜间指示灯的功能，解决了用户在充电场景下诸多的不便。因此一经推出该款产品便成为销售过百万的市场爆款。

综上所述，企业要向用户提供一款产品，首先，应该明晰如今市场上用户对同类产品，或者对该产品将要提供功能的基础期望是什么，满足了这些期望，产品就算是具有了必备属性。其次，企业更要考虑的是，产品可以带有哪些让用户尖叫的卖点，以此形成差异化优势。在做好这两方面工作的同时，企业还要注意的是，自己认为能为用户提供的必备属性和尖叫属性，会不会因为某些原因，在用户那里反倒成了反向属性。

产品的反向属性有以下三个不同的维度：

一是产品的低性价比，例如苹果推出的 Pippin 因其高额的售价但低于竞争对手的性能迅速被市场淘汰，即使在苹果看来为游戏主机增加联网功能是增加用户价值的体现，但用户就是不买账。

二是产品的附加功能影响了用户对产品核心功能的使用，降低了用户对产品的辨识度。例如以支付功能为核心的支付宝一直想要进军社交领域但屡屡受挫，其根本原因是因为用户的支付过程是一个带有强烈隐私属性的过程，所以基于支付打造的社交圈子会因为用户强烈的不信任感与对隐私的保护而受到重重阻碍。

三是产品的反向属性还源于对产品使用风险的担忧。例如对于自动驾驶，人们对其产品安全性的要求就要远超于普通汽车。因为普通汽车出一次交通事故只是个例，因为造成这次事故的原因可能有酒驾，可能因为道路问题，也可能因为交通不畅等。但是自动驾驶一旦出一次交通事故，就使人类与人工智能处在了一个对立的位置上，使人类对于自动驾驶的整体性能保持怀疑和担忧。

因而，企业想要为用户提供超越其预期的产品。就要首先问自己，我的产品在同类型的产品中性价比处在一个什么位置？用户对我的产品的辨识度来自哪里？如果要增加一项产品功能，是否会因此影响用户对核心功能的体验？以及用户在使用我的产品时会有哪些关于风险的担忧?

对于任何一个企业来讲，其价值定位最后一定要体现在用户对产品的需求上，其对外的各种营销活动也要落脚到用户对产品的认知上，而企业内部的各项价值创造活动与辅助活动也都要围绕“交付能够创造用户价值”的产品展开。即产品是企业所有活动与价值传递的最终载体，做好用户期望管理最重要的就是不断向用户提供超越其期望的产品。

二、价值交付管理：如何在协作场景中创造价值

如果说组织对外面向用户场景，通过挖掘用户需求，提供让用户尖叫的产品来在竞争中满足用户期望，实现可持续发展，那么组织对内所有的活动则是直接或间接为了实现这一目标的价值交付过程。

在组织内部，所有活动的载体是一个个协作场景。而一个协作场景就意味着一类待解决的问题与一类待产出的需求，即协作本身就是为了解决问题并产出结果。因此，组织中的协作解决问题为导向，基于决策场景以及执行场景展开，并围绕沟通反馈不断循环（见图5-3）。

图5-3　组织产出过程矩阵

通常企业中存在两种类型的决策：一种是制式的、固定的、重

复的决策。面对这种类型的决策，员工只要按章办事就不会出现太大纰漏，但同时这也会形成组织惯性，降低组织效率。另一种是创造性的、灵活性的决策。对于这类决策，其影响范围越广与结果越重要，决策的重心就会越偏上。这也是为什么在组织中承担责任越多的人，其权利也越大，因为权利是使决策得到顺利执行的保障。

因为决策的目的是更好的执行，而执行，就需要产出结果。

将组织中的决策与执行放到一起来看，对任何一个企业，它最重要的两项决策是未来如何发展以及当下如何有效运作。而企业中各项活动的执行都需要以结果为导向，要么是为用户创造了价值、要么是让企业得到了发展（见图5－4）。

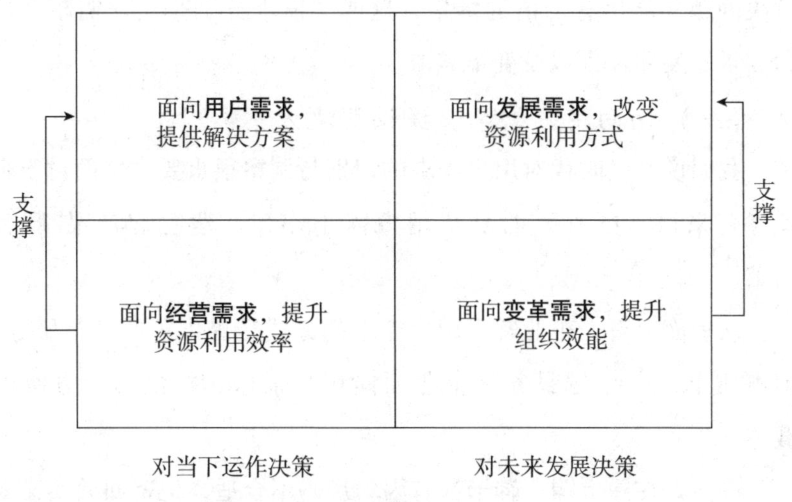

图5－4　组织决策矩阵

在做出关于组织当下运作的决策时，管理者所有的考量都可以被归纳到两个层面上：一是我做出的这项决策，是否面向用户需求，提供了解决方案并为企业创造了价值。二是我做出的这项决策，是否面向经营需求，为满足组织创造价值而提供了有效支撑。例如当企业是为了面向用户个性化需求提供可定制产品时，那么组织内的支撑就需要以柔性化生产为导向；当企业是以提供高性价比的产品来占领市场时，那么组织内的支撑就是以低毛利、高效率为导向的经营活动。

在做出关于组织未来发展的决策时，管理者所有的考量也可以被归纳到两个层面上：一是如何让企业快速有效的发展？二是想要实现发展，组织要如何变革？没有一家企业不希望自己发展，但不是每一家企业都能接受变革，可往往是那些在变革中迟缓的企业，当环境发生变化时，逐渐走向了衰亡。因此，企业的发展不是线性的成长，而是通过不断变革形成的跃迁。

综上所述，企业内的协作场景是为了面向组织中的四类需求来解决问题并产出有价值的结果，这四类需求分别是用户需求、经营需求、发展需求以及变革需求。

（一）面向用户需求，提供解决方案

我们说互联时代对用户需求的识别与洞察很重要，然而对于企业经营来讲，更重要的是从用户需求出发，建立起产品/服务需求。

从表面上看，企业解决用户需求的方式是提供了产品与服务，但本质上，产品与服务是企业面向用户需求，提供解决方案的载体。

许多人在网上购买鞋子都有因为尺码不合适，但寄回去换又太浪费时间的经历。于是鞋子电商美捷步就推出这样一项服务：当用户购买一双鞋的时候，会让用户选择三双不同尺码的鞋子，等鞋子寄过来了用户留下自己最满意的那一双，然后免费当场就经由快递员退掉其他两双。这样一来，就为用户节省了时间，免去了来回寄换的顾虑。

有一家曾经做培训的企业叫作盛景网联，在为企业主做管理培

训的时候，发现他们都有想要转型互联网但不知道怎么做的困扰。然而比起开发互联网培训项目，这家企业换了一种思路。通过向这些企业主集资的方式，将传统产业中的闲置资金引入风险投资领域，成立母基金，并先后在全球范围内投资了近百家创投机构，用资本运作的方式满足了企业主们想要介入互联网行业的需求，并间接推动了互联网技术创新与实体经济的发展。

360 公司在做第一代儿童手表时，产品的功能定位是安全性。但该款产品推出市场后的销量却并不好。后来360 公司通过分析发现，虽然儿童安全是种刚需，但一来孩子走丢这件事发生的频率太低了，二来父母对通过一块手表就能提高儿童安全的感知和购买动机都不强烈。因此，360 推出的第二代儿童手表，将核心功能放到了通话上。因为许多小孩子放学的时候父母都没有下班，因此往往父母希望和孩子打个电话才放心。而从小孩子的使用场景来看，如果班上有个有个同学用手表给爸妈打了电话，那是一件多么值得炫耀的事情，所以其他小朋友回家也会嚷嚷着让父母给自己买。所以 360 这款儿童手表一经推出就成了爆款产品。

从美捷步的例子中我们看出用户需求要在具体的使用场景中挖掘用户痛点；从盛景网联的例子我们看出满足用户需求的解决方案并不一定需要从现有的资源与思维定势出发；而从360 儿童手表的例子我们看出并不是所有的用户需求都可以产品化，只有那些定位用户场景、高频刚需的产品才更容易让用户接受。

因此，在围绕用户需求，提供解决方案时，企业至少要做到定位用户场景、甄别用户需求，并整合协同所有能利用到的内外部资源来创造、优化与迭代自己的产品/服务。

在互联时代，依靠用户，满足用户，不断的迭代优化才是企业立足于竞争的根本。纳西姆在《反脆弱》一书中提到：“未来这个时代，精确的量化能力会被机器所替代，可以存在下来的是由缺陷的、柔软的、充满灰度的能力。”

在企业经营中，所谓的灰度能力就是企业能够快速灵活的响应用户需求，包容错误，并善于利用资源协同抵御风险的能力。从灰度能力的思维出发，企业经营的要点就要对用户需求的洞察快速形成产品假设，然后交由市场验证，如果不被市场接受，那么就转换方向，如果成功，那么就迭代优化。

我们都知道，电影行业是一个高投资、高回报的行业。但好莱坞有一位制片人叫勃鲁姆，他利用灰度能力的思维模式，走出了一条与众不同的创业道路。与传统好莱坞制片理念不同的是，勃鲁姆认为电影就是要做小投资，然后让市场验证，利用用户口碑去传播，虽然大部分电影会失败，但只要不断试错就一定能成功。

这样小成本投资不断试错的结果是，勃鲁姆拍出一部投资仅1.5万美元，但票房却高达2亿美元的电影。单从投资回报率来看，他的许多电影制作在好莱坞都是名列前茅。而问到勃鲁姆电影成功的秘诀，他的回答是好看的电影不靠场面，而是情节，所以他只拍惊悚恐怖电影，如果用户觉得好看，就自然帮助推广。

与勃鲁姆小成本试错，不断迭代的思维不同的是，大企业常常容易将满足用户的想法直接转换成投资巨大的计划。然而计划到位，执行果断，一旦产品投放到市场上不被用户接受则会落得满盘皆输的下场。

作为曾经登顶全球手机销量桂冠的摩托罗拉公司，便犯过这样的错误。在20世纪90年代，摩托罗拉投资50亿美元建立起一套低轨移动卫星通信系统，旨在解决全球范围内用户实时通信的需求，即让任何人在地球的任何地点都能与他人通信。这个需求看起来很美好，但由于前期投入巨大，摩托罗拉不得不让产品匆忙上市。由于整个通信系统还不够稳定，所以掉线率一度高达15%，而面对售价高达3000美元的手机与每分钟7美元的通话费用，能接受的用户又不多，因此该项目在运营不到2年的时间里便宣布破产。

从勃鲁姆成功的例子和摩托罗拉失败的例子中我们能够看出，企业想要持续经营的前提是用户的支付，用户的支付就是企业所能创造的回报。而想要让用户支付，企业就不能向用户提供自己一厢情愿的解决方案，而是用户真正需要的解决方案。想要做到这一点，企业就需要深入用户场景，从用户的立场出发思考问题，并不断对自己推出的产品与服务进行迭代、优化与完善。

(二) 面向经营需求，提升资源利用效率

创业期的企业最重要的使命是将产品推向市场，找到产品与用户需求的契合，之后，企业经营的重点则是以有效的资源利用方式来应对与满足用户需求的变化。

随着外部商业环境趋于生化，企业间协同程度增高、协作的方式也更加灵活，企业对人、财、物等资源的态度，也逐渐从传统的内部聚焦，发展至外部聚焦，即更多企业可利用的人、财、物都可以从外部获取。例如利用众包模式，企业可以通过悬赏的方式向社会征集创意或技术研发；例如近些年兴起的天使投资、风险投资、众筹等模式扩宽了企业的融资渠道；例如利用共享办公空间、共享办公用具等手段，企业可以不必拥有一些在传统模式下必须具备的固定资产。

可以说，在互联网环境下，企业可利用资源的种类、渠道与方式都得到了极大的丰富。面对丰富的资源选择，企业如何有效地利用资源，并转化成可以满足用户需求的解决方案就成了经营中的核心问题。而企业利用并转化资源的效率可以通过三种方式来衡量：即单位时间内组织的价值产出、成本的有效控制，以及企

业商业模式对内外部资源的整合程度。

1. 单位时间内组织的价值产出

斯托克与霍特在《与时间赛跑》一书中指出，他们在跟踪研究了欧美和日本企业十多年的竞争优势变化后，发现企业最核心的竞争优势是时间，即那些在竞争中能快速响应用户需求，以低成本在短时间内不断创新的企业，会较那些虽有规模但行动迟缓的企业更具有竞争优势。尤其是在外部商业环境日益复杂多变的趋势下，企业的竞争力就体现在能较竞争对手在更短的时间内提供令用户满意的解决方案。

韩国最大的即时通讯软件 KakaoTalk 有一条 42 经营原则，即每开发一项新功能，只投入 4 个人和 2 个月的时间，如果没有达到预期，就迅速调整方向再进行开发与测试，这样不断试错与循环，直到功能被用户认可，于是再追加资源扩大市场。在 KakaoTalk 的模式里，单位时间是两个月，而其价值产出则是能解决用户痛点的软件功能，由于控制了人力的投入，所以 KakaoTalk 可以灵活的试错。比起在没有被用户认可前就投入大量资源去执行，KakaoTalk 的模式风险更低，对市场的反应更快。虽然有一些项目会失败，但从经营角度来讲，不被市场接受不算是最大的失败，企业经营中最大的失败是在被市场摒弃时已经投入了难以承受的代价。

KakaoTalk 这种分散资源、多点试错的模式非常适用于产品的改进策略。而在一些战略级的项目面前，企业的投入并不会在短期内就能得到市场的反馈，而是通过长期的累积才能收获效果、提升用户价值。在 2007 年年初，彼时还是电商平台与第三方物流共荣共生的年代。但是京东在拿到 A 轮 1000 万美元的投资后，便开始在一片质疑声中自建物流体系。而如今，京东物流则成了其与竞争对手差异化服务的主要支撑，人们在提到京东就自然联想到其快捷的送货体验，可以说京东物流成了京东重要的品牌标签。

在回忆起京东的发展历程时，其创始人在一档谈话节目里提到，要建设一个覆盖全国500 个城市的物流体系，资本在达到一个量级时就不再起作用了，因为要建设好这个物流体系中从仓储中心建设到配送员培育的每一环节，需要的是至少5 年的时间，虽然竞争对手可以选择跟进，但他们起步便已经失去了先发的优势。

所以说，企业在面向用户交付解决方案时，不仅要满足用户需求，更要在竞争中抢占先机。因为一旦竞争对手在用户心智中建立起某种品牌联想与产品认知，那么后来的竞争者除非能提供更大的价值，否则用户不会尝试转换。

想要在竞争中占得先机，提升企业单位时间内的价值产出的关键，是组织中的协同效应。如果将组织内部的各项活动看作是基于价值创造的供应过程，那么正是通过协同效应，企业才能有效地甄别与响应用户需求，及时向用户提供解决方案。概括起来，组织中的协同效应体现在以下三个方面（见图5－5）。

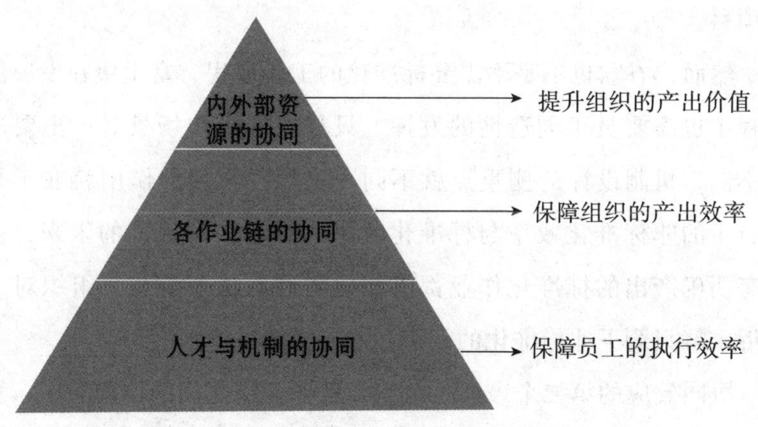

图5－5　组织内三个层面的协同

协同效应首先表现在**人才与机制的协同**。

在企业中，向员工支付报酬的这一行为本质上是在购买员工的时间。而员工效率的高低，则直接导致了其单位时间内产出的大小。任何组织机制设计的出发点，都是如何提高员工的效率，进而提升组织效能，最终创造用户价值。

在组织中，员工的效率有两种表现形式，即标准化效率与非标准化效率。标准化效率源自组织的“硬”设计，即组织的专业化分工、责权匹配、制度流程设计与标准化作业指导等。而非标准化效率源自组织的“软”设计，即组织的文化、价值观、愿景、人才理念、领导力等。通常，当组织需要的产出明确而清晰时，组织更多依靠“硬”设计来提高员工的标准化效率，例如在富士康的标准化生产线上，员工的效率靠的是标准化流程与作业指导。而当组织需要的产出不确定且复杂时，组织更多依靠“软”设计来提高员工的非标准化效率，例如谷歌的文化就鼓励员工拿出20%的时间去和志同道合的同事做他们互相感兴趣的事情，于是便产生了像Gmail、Google News、Adsense等为谷歌带来绝佳营收的项目。

然而，谷歌也不是不需要标准化的工作流程，富士康在发展的过程中也需要员工创造性的发挥，只是根据协作场景对产出要求的不同，机制设计的侧重点就不同。现阶段管理的作用就在于平衡员工的非标准化效率与标准化效率。但是在可预见的未来，一切有明确产出的标准化作业都将被机器和算法所替代，组织对人的诉求就只剩下非标准化的效率。

协同效应的第二个表现是组织中**各作业链之间的协同**。

例如，产品的设计部门一方面要及时准确地获取用户需求，另一方面也需要考虑在交付周期内物料的可供应性与技术的可实现性。从1998年起，彼时还名不见经传的华为就同IBM合作，先后投入4亿美元进行管理流程梳理与升级，开发并完善了集成产品设计（IPD）与集中采购管理系统（ISC），以此保障及时并有效的响应用户需求。此后的若干年间，华为还积极同合益咨询、普华永道、德勤、埃森哲等管理咨询机构合作，建立起了IT平台、财务流程、产品开发与制造流程、供应链与物流体系、人力资源支撑体系等不同作业链之间的协同机制。

往往企业作业链之间的协同是以流程的梳理与优化为基础，再辅以与IT系统的整合起到信息和知识的共享。企业通过IT架构建立一个与客户、与供应商等利益相关者的交互系统，让前端、中端、后端一体化，业务与运营一体化，通过数据化的运营让前端的需求可以实时反馈到中端，然后借助后端的资源对需求做出及时的反馈，构建起敏捷的协同化的组织管理系统。随着大数据技术与人工智能的发展，企业的管理与运作模式也会朝着平台化的云管理模式演进，可以说在未来企业的协作更多的将是跨组织的资源与信息流协作。

协同效应的第三个表现，便是**企业内部资源与外部资源的协同**。

第一，从产业的角度来看，企业与上下游厂商的协同程度直接影响着面向最终用户交付的效率。例如对于开展柔性化生产的企业来讲，内部生产与制造系统一定要和上游厂商的原材料供货系统匹配，较常见的便是VMI + JIT模式。即在共同的协议下，由供应商管理企业生产制造所需的库存，再通过流程优化与信息系统的整合来做到企业对原材料所需即所用的状态。

第二，从行业的角度来看，企业之间既存在竞争，也存在合作，而竞争与合作的最终目的，都是面向目标用户的服务。处在相同行业的企业之间，总是会存在着博弈的关系。例如作为可乐的双寡头，百事可乐与可口可乐一方面相互竞争市场份额，另一方面又在促销手段上相互合作，但无论百事与可口可乐是竞争还是和合作，收益的都是用户。

然而跳出产业与行业的范畴，我们发现社会化协同正在成为企业经营发展的重要动力。例如当可口可乐对品牌重新定位时遇到了问题，于是决定将产品创意宣传的工作放到网上，以悬赏竞争的方式向全社会征集方案。将以往仅靠市场部门或广告公司的工作，转换成一次社会化活动。最终可口可乐在收到的3600个作品中筛选出了一个冠军作品，而后来这条冠军广告的播出，使得同期可口可乐的销售获得了数倍的增长，这得益于社会化营销带来的用户关注度。

不仅在企业营销上，社会化协同在企业的研发设计上也起到了重要作用。通常，医药企业具有药品的研发周期长，投入成本高且面临诸多不确定的特征。最初，美国的制药企业礼来公司将自家科研人员无法解决的难题放到网络上寻求解决方案，并给予相应的物质奖励。后来这个由礼来公司打造的网络平台聚集了大量科研与创意型人才，一方面这些人在该平台上挑战难题、赢得奖金、实现自我价值；另一方面，礼来公司也依靠这个平台解决了大量的科研难题。于是礼来公司决定将这个平台独立运作，这就是后来大名鼎鼎的InnoCentive公司。

从以上的两个例子可以看出，在企业的发展过程中，如何有效地利用外部资源，从依赖内部的“独智”到盘活外部的“众智”，往往能为企业的经营起到事半功倍的效果，让企业在单位时间内创造更大的价值。

综上所述，企业面向经营需求、提升资源利用效率的途径之一就是通过协同作用在单位时间内获得更有效的产出。而在企业获得有效产出的同时，也要注意成本的控制。

2. 成本的有效控制

企业在单位时间所能创造的价值与所投入的资源有关。但企业所拥有的资源却总是有限的，而产出结果的价值又因为需要通过市场的验证而充满不确定性。因此，任何企业都需要对所投入资源，即对成本进行有效的控制。企业所面对的成本有两类：一类是决策中的机会成本；另一类是执行中的会计成本。

前文提到了京东在物流发展上占得先机，取得差异化优势。然而其创始人也坦诚京东在移动支付、云计算等项目上错过了发展的窗口期，采取的是更为谨慎的跟进策略。因为物流体系的建设投入了大量资源，所以京东在其他项目的决策上就不得不慎重。这就牵扯到企业经营中一个很重要的概念：机会成本。即当企业决定投入资源在某一项目上时，就意味着企业需要放弃该资源投入其他项目的可能收益。

在充斥大量数据与商业信息的环境下，那些能更有效分配资源的企业，往往会借助数据分析来提升企业的资源利用效率。

例如美国前进保险公司利用数据分析对客户群进行界定与分类，并针对不对客户群所具有的风险系数提供不同的保险产品，从而最大化客户价值；例如宝洁公司有一个来自不同职能部门的100多名分析师构成的超级分析小组，集中处理公司的各类数据，面向公司决策提供依据，面向公司执行解决问题。

软银的创始人孙正义也曾经表示过，未来一个企业的CEO可以是一台能够分析大量数据、做出经营决策的超级计算机。

可以说，在企业的经营中，机会成本往往是经营者容易忽视但对企业影响重大的成本，因为从结果来看，企业发展就是在正确的方向上把握住了一个又一个机遇。但同时，企业也需要重视发展过程中的会计成本。

在基于会计成本来指导经营方面，日本企业在全世界都走在了前列，其中，又以阿米巴经营模式最具代表性。我们在第三章介绍过，阿米巴通过“职能拆分、效率核算”的模式为企业的全体员工塑造了经营意识。在阿米巴的经营理念中，有价值的交付都伴随着成本的投入，无论是人力资源部门向其他部门交付人才，还是设计部门向生产部门交付设计方案，都可以对投入成本进行归集与核算。而核算的目的，就是培养各运作单元的经营意识，从而提高资源的利用效率。

阿米巴模式的创始人稻盛和夫在年逾70岁的时候接手了经过破产重组的日航，当时日航负债高达2.3万亿日元。通过导入阿米巴模式，稻盛和夫向为日航全员重塑了经营意识，使得这家企业能够在短期内扭亏为盈，重现回归世界500强企业。

在稻盛和夫的领导下，日航摒弃以往当月的业绩要在三个月后才出来，开始每月定期举行业绩报告会，会上各部门负责人不仅提交上个月的业绩报表、本月的预算情况，还要对下个月的经营做出规划。这么做的效果是，干部们开始意识到数字在经营活动中的重要作用，以往被稻盛和夫评价“连水果摊都经营不好”的干部们，开始对每个零部件的价格都熟记于心，顺其自然的，全公司范围内都开始进行了经费缩减活动。

以此为基础，稻盛和夫对日航进行了大规模的组织变革，引入了阿米巴模式。稻盛和夫将日航的飞行线路定位为收益的来源，设置了“路线统筹总部”，全面负责飞行路线设计的计划和执行。每次的起飞，该部门都要向客舱本部、机务本部等支撑部门购买航行所需的飞行员、乘务员、机场地勤和耗材等。因此，各支撑性部门就成了路线统筹部的上游供应商，路线统筹部负责生产

“飞行航线”这一产品。而销售部门则成了下游的代理商，负责向用户出售席位并赚取佣金。如此，日航内部形成了市场化运作的价值链传导模式，每一个阿米巴单元开始以降低内部供应成本为目的来提升经营效率。

在此基础之上，稻盛和夫又将阿米巴的核算模式向前推进一步，实行数据的可视化，让一线员工也可以查阅整个公司的经费节省情况，在公司范围内推行全员经营。因此当一个新的点子被证明可以有效节约成本，就会在公司内迅速扩散，这极大地调动了每个员工参与的积极性。员工们也开始更愿意交流在工作中提升效率的方法，使得企业内部的知识得到有效的流转，从而提升组织整体的运作效率。

综上所述，日航之所以能在短时间内快速崛起，实现 V 字增长，离不开稻盛和夫通过对日航经营模式的改变以及推进全员经营的举措，从而带动了每个员工的核算意识与经营意识，使其以主人翁的姿态参与到公司的日常经营和成本控制活动之中。可以说，稻盛和夫以一人之力，带动了日航 5 万人的经营能力，这是日航重新焕发活力的根本。

以上便是企业面向经营需求，提升资源利用效率的第二个途径，即机会成本与会计成本的控制。而企业提升资源利用效率的第三个途径，则来源于企业的商业模式。

3. 商业模式的优化

其实无论企业是通过追求单位时间内的价值创造，还是通过投入成本的有效控制来提升资源的利用效率，如果向前追溯，企业对资源的利用方式是由企业的商业模式决定的。因为商业模式的确定解决了企业经营中的三个至关重要的问题：即企业面向目标用户交付的价值是什么？企业如何利用内外部资源，形成可以满足用户需求的解决方案？以及企业如何在创造用户价值的过程中获得收益？

企业商业模式的设计，是由企业如何定义自己的“事业”决定的。在第一章我们阐述过两家同时为牛奶和啤酒生产玻璃瓶的企业。

一家将自己的事业定义为“玻璃瓶制造企业”。从这个角度延伸出的商业模式，首先，这家企业面向的用户是对玻璃瓶有需求的企业。其次，它所能提供的价值，是不断降低玻璃瓶需求方的采购成本。因此，这家企业的关键活动就是成本的有效控制，而它的关键资源也是围绕玻璃瓶的生产制造所需要的人才、设备与生产工艺。同样的，它所能选取的合作伙伴，也只能是玻璃瓶的原材料供给者，设备供应商或者玻璃瓶技术研究机构等。

另一家将自己的事业定义为“容器制造企业”。从这个角度延伸出的商业模式，首先，这家企业面向的用户是有容器包装需求的企业。其次，它所能提供的价值，则是依据不同产品的特性所提供的有针对性、多样化的容器。因此，这家企业的关键活动就成了针对不同容器需求，所开展的生产工艺的研发与迭代。而它的关键资源也成了围绕容器多样性生产制造所应具备的人才、设备与工艺。而它所能选取的合作伙伴，也是不同材料领域的供应商、对容器新材料的研究机构，甚至可以同需求企业去合作，共同研发更具适用性与实用性的容器。

可以看得出，当下做着同样事情的两家家企业因为对自己事业不同的定义，会延伸出不同的商业模式，因此在日后的经营中也会有着不同的发展轨迹。而对企业的经营来讲，未来总是不确定的，所以那些能更充分利用与整合内外部资源的企业，在商业环境发生变化时才会有更强的适应能力。正如那家定义自己为容器制造商的企业在牛奶厂商普遍采用利乐包装后成功转型，顺利适应了商业环境的变化。

创业初期的韩都衣舍也曾面临如何选择商业模式的问题。一个是传统的从服装设计到采购，再到生产和销售的路线；另一个是把组织分成一个个自主经营的由设计师、页面制作专员，以及货品管理专员构成的3人小组。如果沿袭传统的模式，那么韩都衣舍对资源的利用方式便是集中统筹、标准化管理。通过将不同的人才归集到不同的部门，再通过作业链形成联系，面向用户交付产品。而如果采用新的模式，那么韩都衣舍对资源的利用方式便是裂变式的赋能管理，将经营的自主权交由各个小组，公司平台再予以支撑。

显然，从场景管理的角度来看，成衣制品的交付充满不确定性，因为无论是衣服的款式还是人们对时尚的追求都随着季节的变化与时间的推移不断变更。所以韩都衣舍如果要面向用户不断变化的需求提供解决方案，那么它需要的，更多的是员工的非标准化效率，所以小组的模式是适合韩都衣舍的发展需求的。然而起初韩都衣舍并不确定自己更适合哪一种模式，于是它将业务分成了南北两大区域。南区采取传统模式，而北区采取的是新模式，并试着让两种模式并行3个月。

在这3个月中，发生了一件有趣的现象。就是在南区传统商业模式下的员工，每天按时打卡、按时下班。而北区采取新模式的员工则经常到了半夜依旧灯火通明的工作，有时甚至是被物业赶着离开办公区下班的。

因为在南区的商业模式下，企业以产品为核心搭建起组织架构，然后使经营目标与任务通过层层分解落实到员工，并通过考核监督的方式确保目标的实现。在这样的机制下，员工只要按章办事，不出纰漏就算是很好地完成了工作任务，至于组织如何设置目标、目标是否设置的合理与可行，他们无权干涉，组织也不会去聆听他们的声音。因此在执行的过程中，员工不会主动地去考虑资源如何更有效利用资源，而是考虑如何通过获取更多的资源来使自己工作的更容易，产出更顺利。从这个角度看，这也是为什么许多科层制企业都会走向臃肿的原因之一。

在北区的商业模式下，企业以用户需求为核心，采取小组制的组织架构，让每个小组成为一个经营单元，对外面向用户创造价值。小组以企业的发展需求为基准设置目标并申请相应资源（主要是启动资金），之后小组自主决定如何有效地利用资源来实现经营目标。而公司提供后台的技术支撑并对小组目标实现的过程进行管理。其中很有效的一个做法就是同一品牌下的经营小组的业绩会及时公布。试想一下，同样是拿到 50 万元启动资金的小组，一个能创造 100 万元的收益，而另一个能创造 200 万元的收益，那么对资源的利用效率立见高下。而这种对产出及时反馈的做法，也会敦促领先的小组继续保持领先，更能激励落后的小组奋力追赶，这就解释了为什么在北区的员工，能经常到了半夜依旧灯火通明的工作了，因为当经营权力下放到小组时，成员们是在为自己经营，而不是为了工作而工作。

综上所述，无论是玻璃瓶制造企业的例子还是韩都衣舍的例子，我们都能看出企业对自己事业的定义，以及由此而来的对商业模式的选择，从根本上影响着企业对资源的利用方式和利用效率。所以商业模式的优化，就是对资源利用效率的提升，因为对于资源来说，重要的不是“怎么用”，而是“这么用能够创造怎样的价值”。

（三）面向发展需求，改变资源利用方式

在做出关于组织未来发展的决策时，管理者往往会受到一个叫

作价值网遮蔽效应的影响。该效应指的是某一企业对未来规划时，总是会受到现有的技术优势、商业模式、供应商关系、分销代销网络等因素的影响，而忽略了那些足以改变整个产业，或者行业格局的技术，或消费需求的变迁，从而对趋势视而不见的现象。

因为应用初期的技术总是会显得很粗糙。例如，当索尼推出Walkman随身听时，在音质上与传统收音机相去甚远。但它有一个优点就是体积小巧，可以随身携带，不像传统收音机那么笨重。但是在传统收音机厂商认知里，用收音机的音质换取便携性的做法是不可取的，所以他们并未给予Walkman足够的重视并将其当做真正的竞争对手。然而，一旦后来Walkman的音质上去了，加之它便携小巧的优势，就是对传统收音机的全面超越。

当智能手机刚被推出时，也因为信号不好，电量无法持久等缺点不被业内人士看好。因为传统手机厂商普遍认为一部好的手机的评价标准是“信号强”“电量久”“系统稳定”等要素，而正是对这些要素孜孜不倦的追求才使得他们取得了过去的成功。然而与传统手机相比，智能手机有一个巨大的优势就是它不仅仅是一部手机，更是一个多媒体平台。人们可以借助智能手机上网、听音乐和使用内置应用程序。所以，当智能手机的信号逐渐提升，系统趋于稳定时，传统手机就完全被颠覆掉了。

而作为胶片时代的象征，柯达在1967年市值曾一度高达1770亿美元，而在其2013年申请破产保护后，市值就再没超过10亿美元。曾经一度，柯达被认为是被到来的数码时代所抛弃。然而在柯达申请破产前，在拥有的超过1万项专利中，有10%左右的专利都与数字图像有关，这一数目远超其他同行，甚至在1975年，更是柯达发明了世界上第一台数码相机。那么为什么先行的柯达反倒遭遇了出局的下场呢？

因为曾几何时，柯达在胶卷上的业务实在是太成功了。柯达胶卷曾占有全球市场70%的份额，而且毛利率也维持在60%左右。但反观数码成像市场，竞争激烈，毛利率低。因此柯达一直是把数码技术当作是附加业务，而不是以数码技术为核心搭建起全新的商业模式。只不过作为一种创新技术，虽然起初数码成像的质量还是与胶卷成像有一定差距的，但数码设备对使用者的要求更低，使用更便捷，所以一旦数码设备的成像质量上来了，对胶卷市场就是毁灭性的冲击。

对于许多企业来讲，发展就意味着要占领更大的市场份额、销售更多的产品、服务更多的用户；而创新就意味着多投入研发，拥有比竞争对手更多的专利。然而从柯达的例子我们可以看出，柯达并不是没有积极争夺市场份额，并且在争夺市场份额的同时，依旧维持着高毛利率。柯达也不是没有研发，其在专利的拥有数量和质量上也是行业内的佼佼者。

然而，柯达最终还是失败了，而柯达的失败，正是由于过去的成功，导致在新事物、新趋势面前犹豫不前，无法客观的做出顺应趋势的决策与判断，使得企业只能固守旧的优势，对由新技术带来的颠覆性影响视而不见，并且这是一个很难破掉的局。试想一下，如果作为柯达当时的CEO，面对一个高市场份额、高毛利的胶卷业务，与一个竞争激励，毛利只有不到5%的数码业务，你会做何选择？

查尔斯在“第二曲线”里提出，企业的成长是一条曲线，当产出比投入多时，企业保持发展，但到某个时刻，曲线将不可避免的达到巅峰并开始下降，所以企业想要可持续发展，就必须在第一条曲线达到巅峰之前就开始寻找并投入成长的第二条曲线。但问题是，如何判断第一曲线即将到达巅峰呢？因为过去的成功总会蒙蔽人们的双眼，使人们更倾向于巩固原有的成功模式。而只有在当回顾过去时，才能清晰的看到“第一曲线的巅峰”在哪里，但事后的明晰却通常于事无补。因此，企业想要实现可持续发展，就需要在过去成功的基础之上大胆创新与颠覆，通过改变资源的利用方式来把握趋势、顺应趋势、谋求发展。

概括来讲，企业可以改变利用方式的资源有人才、技术、供销网络、产品以及资本（见图5－6）。而改变这些资源利用方式的目的就只有一个，那就是谋求企业发展，实现企业可持续经营。

资源种类	改变资源利用的方式
人才	内部裂变式创新
技术	专利互换与技术延伸
供销网络	将新产品快速推向市场
产品	以产品为载体提供新的解决方案
资本	专业化投资能力

图5－6　企业改变资源利用的几种方式

改变人才利用方式最常见的一种模式是内部裂变式创新。内部裂变式创新指的是企业在保留主营业务的同时，给予内部人才支撑，让他们自发的组织创业项目，变身为今天我们常听到的“创客”。同时，企业作为孵化器平台，对经过优选的项目予以投资，对接资源。

广州有一家名叫视源电子的企业，就十分支持由员工发起的创业项目。只要员工可以拿出有市场前景的商业计划书并得到公司的认可，那么公司就会让员工先成立一个事业部进行独立核算。如果开发的产品有市场，就进一步成立子公司。其中，公司会占股80%，而创业团队拿20%。但这一股权比例是动态的，只要团队可以连续3年盈利，那么团队的股份会从20%提升到60%。

海尔近几年的发展，也是围绕着企业平台化、员工创客化以及用户个性化的经营理念，在内部孵化了许多项目，例如雷神游戏本、免清洗洗衣机、帝樽空调等。这些项目在孵化初期都只是几人的团队，主要负责用户交付与产品原型设计，而海尔平台则负责对接其他所需资源，共同完成产品交付。如今越来越多的项目从海尔内部被孵化出来，而海尔本身，也从生产产品，转型为孵化创客。

改变技术的利用方式常见的有两种形式：

第一，专利互换。例如当华为决定做手机时，利用其在信息通讯方面累积的专利，同苹果、三星等厂商交换专利，从而节省手机的研发成本，并且保证手机的质量。

第二，将现有的技术累积应用到其他领域。例如亚马逊是做电子商务起家的，然而经营的过程中因为要处理庞大的用户数据而累积了大量关于数据处理的技术能力和经验。亚马逊将这些能力与经验形成产品对外出售，于是就有了亚马逊云业务。同样的，国内的阿里巴巴也是将淘宝、天猫的运营中积累的数据运算能力与技术应用到了阿里云的发展中。

而企业利用已经建立起来的供销网络，则可以迅速地向市场铺货。无论是对现有产品的改进还是提供全新的产品，供销网络都能助推企业更有效将产品对接市场需求。小米手机起步时打的是互联网思维的口号，意图砍掉中间商，直接面向用户通过网站售卖产品，并通过低毛利、饥饿营销等手段倒逼供应链效率。但近几年在中国手机市场上的表现，小米与原步步高团队打造的OPPO和VIVO两款手机还是有一定差距。

与小米不同的是，OPPO和VIVO采用的，是高毛利、高广告投放以及高价值认知的策略。更由于步步高本就是做电子器件起家的，在品牌营销、经销网络建设方面有着大量经验。一开始，当大家都是抢占一、二线城市的时候差异不是很明显，但是当销售重点向三、四线城市下沉时，OPPO与VIVO在精细化终端布局、精细化渠道激励与经销商网络建设方面的优势就逐渐凸显，在整体销售数据上远远领先小米。因为行业竞争，最直接的比拼还是谁卖东西的水平更强。

通常，企业的发展会围绕产品展开，然而当企业将产品视为可以改变利用方式的资源时，就有两种不同的发展模式可以选择：

1. 根据原有产品的用途，提供系统解决方案

陕鼓集团最早只是从事鼓风机的单机售卖，当时提供单机的厂商众多，市场竞争激励，导致企业的利润微薄，发展迟缓。后来经过调研陕鼓发现，在其提供单机的工业项目中，单机只是其中一环，用户在意的，是整个项目的运作效率。基于此，陕鼓开始改变经营思路，从提供产品到提供成套装备系统解决方案与系统服务，实现从风机制造商到以技术+管理+服务为核心的服务商的转变，在不到3年的时间里，经营突破百亿元大关。

2. 根据原有产品的特征，嵌套其他服务

作为提供便利店服务的7-11在经营中意识到，虽然它的核心业务是为顾客提供生活必需品的购物体验，但同时7-11又具有全年无休、24小时营业，众多网点遍布全日本的特征。于是它的创始人便意识到，7-11这种全天候营业、终端基数大的特性完全可以面向顾客提供现金服务。为此，7－11拿到了日本零售行业的第一张银行牌照，并在店内铺设ATM机，后来，7－11这项现金业务的收益率一度高达30%，成为了一项名副其实的现金牛业务。

除了人才、技术、产品、供销网络以外，企业还能利用到的资源，就是资本本身。通常为了发展，企业经营活动留存的收益有两种使用方向。要么是投向现有的业务，做深做精，走专业化路线；要么是投资于趋势业务、布局生态、走多元化路线。

纵观国内几大互联网公司，百度的核心业务是搜索，阿里巴巴是电商，而腾讯则是社交。但这几家公司这些年的发展，都在围绕以专业化的投资能力，建立起庞大的互联网商业版图，影响着人们衣食住行中的各个生活场景。因此有人也笑称，BAT就是互联时代的“水电煤”。

正是通过专业化的投资能力，BAT一方面将新的技术或者商业模式纳入自己的版图，避免自己被新生事物所颠覆；另一方面，BAT牢牢掌握着用户不同的生活场景，建立起用户对其作为互联网基础设施服务供应商的依赖与认知，从而不断巩固其商业地位。

（四）面向变革需求，提升组织效能

德鲁克说过：“动荡时代企业最大的危机不是动荡本身，而是仍然沿用过去的逻辑。”同样的，在组织变革面前，最大的制约因子也是过去固有的逻辑。谷歌前CEO埃里克在《重新定义公司》里指出，通常人们会讨厌现状，但比起现状，人们更加讨厌改变。因为改变就意味着要抛弃过去已经习惯的行为模式、改变就意味着要接受未知、承担意外与风险。

所以我们在现实中经常观察到，企业虽然改变了流程制度、组织架构与岗位职责，做了新的企业文化建设，但在日常的运作中，员工还是倾向与延续固有的工作习惯、沟通方式与行为准则。

在稻盛和夫接手日航后，并没有立刻展开组织变革，而是通过导入他的经营哲学来重塑员工的经营理念。而杰克韦尔奇对在通用的变革中，采取的先是重塑员工的价值观与明晰企业要在细分领域内做到数一数二的愿景。

巧合的是，在对组织进行变革过程中，无论是稻盛和夫还是杰克韦尔奇都遇到过类似的员工反馈，强调说他们过去一直就是这么做事，所以不理解为什么要改变，而通过分析发现，正是由于员工对过去行为模式的依赖，才一步步导致企业走向了臃肿低效。因而，在变革面前，首先要改的，是员工的思维模式与固守的行为习惯。

员工的思维模式与行为习惯，往往是在企业发展过程中逐渐形成的规范与标准的体现。因为处在不同发展时期的企业总是会依据外部环境做出一些符合当下运作的制度与规定，只不过往往是环境已经发生改变了，但员工坚守的旧标准还在，而这些旧规范与标准深刻地影响着员工的决策。

例如美国的航空业曾经都有“长途航线好，短途航线不好”的认知。这是因为美国政府为了促进小城镇发展，强制对短途航线进行价格管制，使航空公司低于运营成本销售短途航线的机票，并且政策规定每家航空公司必须从事一定比例的短线业务，因此从盈利性的角度，航空公司自然会多跑长线。

但是，当政府逐步放松了对航空业的价格管制，并且不再强求必须从事短线业务时，美联航的做法，则是直接放弃全部短途航线。因为当初价格管制导致短途航线利润低，所以美联航所有的航线规划能力、航班的运营能力都是围绕长途航线展开。即使如今短途航线政策放开，美联航也不愿参与到短途航线的竞争上。因为固守已经建立起来优势与习惯，会更加的稳妥，风险更低。

不仅仅是美联航，在诺基亚与摩托罗拉的固有认知里，手机的发展也应该是沿着续航更久、信号更好的固有路线发展。柯达也是因为难以放弃对高毛利、高市场占有率的胶卷业务的持续投入而在战略转型面前行动迟缓。公司层面如此，部门与员工之间更是难以放弃固有的办事流程与思考逻辑。当企业为了提升当下运作效率所制定的部门职责与制度流程，在公司发展遇到新问题时，反倒成了责任互相推诿、不愿改变的依据。那么公司究竟应该如何变革，才能更顺利的实施呢？

根据卢因的力场分析法理论，只有组织中变革的驱动力大于变革的制约力，变革才会发生。如果对企业变革来讲，最大的制约力是员工的思维定势，那么通常可以突破这层制约力的驱动力有：**危机倒逼变革、促成利益一致、领导者深度参与以及从“软”到“硬”的过渡等。**

第一，推动变革最有效的方式，其实是危机，因为危机是最容易促成利益共同形成的外部条件。

巴西有一家叫作塞氏企业的造船设备供应商。在巴西经济衰退的环境下，造船业遭到重创，因此企业也拿不到订单，一度濒临破产，企业走到要么整体变革，要么就被市场淘汰的十字路口。

该公司新上任的 CEO 为了扭转局面，曾经在一天下午就解雇了 60% 的高层管理人员，并雇用不少作风强硬的经理人推动战略转型以及变革。塞氏企业在变革初期就定下了三条规定：首先，员工可以自由安排上下班时间，因为对员工的尊重就是对工作效率的保障。其次，去掉科层制组织结构，让决策和执行变得更灵活，让每个参与经营活动的人都具备自主经营的理念。最后，在塞氏看来，传统的规章制度只能导致人们的助力偏离组织目标，让管理者产生依赖以及滋生出多余的岗位。因此，在塞氏没有规章制度的情况下，如何经营、如何开展工作，由员工说了算。

在经过了这一系列变革后，虽然巴西整体经济环境低迷，但塞氏依旧做到了规模6倍的增长，利润翻了5翻，成为了一家大型跨国企业。

第二，要顺利推动变革，就要使员工明晰变革后的利益与自身的利益诉求一致。

在许多企业里，高层对变革谈得火热，但是员工就是没感觉，企业于是想通过股权激励调动大家的积极性，可是如果员工对企业的支付能力存疑，股权激励也就失去了作用。

罗伯特在《管理控制系统》中指出，最好的管理方式，是使员工的利益诉求与公司目标一致。反应到变革当中，企业一定要让员工感受到通过变革能为其带来看得见的好处。无论是获取更多的报酬，还是使工作更便捷，甚至是提升工作的意义，都需要通过与员工的沟通使其知晓，从而打破关于变革的担忧与疑虑。

第三，企业的领导者在变革中一定要深度参与。

因为对变革来讲，决定变革只是简单的开始，如何顺利的执行，并在执行当中优化调整才是最重要的。在IBM经历的数次变革中，每一次都是对过去成功的破而后立，每一次宣布新的战略方向时，都会遭到媒体的质疑与抨击。而每一次变革的背后，都离不开IBM当家CEO力排众议与贯彻到底的变革决心。因为面对未来，任何决策都是有风险的，而所谓好的决策，只是那些通过执行取得成功的决策。

20世纪80年代的英特尔在电脑存储器的市场中高居全球首位，然而这样的市场地位在后来日本企业的定价永远比英特尔低10%的策略下节节败退。当时的CEO安迪格鲁夫于是果断的决定，放弃存储器业务，全力发展微处理器，并领导实施了一系列的变革举措，从而使英特尔在PC时代当之无愧地成为了微处理器全球最大的供应商。但时间退回到20世纪80年代，是没有人敢想象没有存储器的英特尔，除了信念坚定的格鲁夫。

第四，组织的变革，其实是一个从“软”性变革到“硬”性变革的过渡过程。

任何组织结构，商业模式的改变都需要以员工的经营理念与思维模式的改变为基础。这一点除了前文提到的日航的变革与通用电气的变革，在许多大企业中都能找到依据与案例。

清华大学管理学教授宁向东举过一个例子，说曾经有一家国有企业试图变革，而总经理的做法就是请全公司1000多位员工吃饭，在饭桌上聆听员工的反馈与对变革的态度。从一开始都是员工的抱怨，慢慢的到后来员工开始为变革提出自己的想法与意见。而在聆听与综合考虑了1000多位员工的意见后出台的变革政策，不出意外的在公司范围内得到了顺利的执行。

阿里巴巴曾在内部推行“赛马”机制，本质上是鼓励员工创新的一种途径。最初这种机制采取的是自上而下的方式鼓励大家创新，但高层对创新热情高涨，但员工的参与感却不强。后来通过了解发现，员工自身已经背负着KPI，那么再去搞创新，做出的成果是属于工作范畴本身？还是属于工作之外的成就？还有，如果需要他人的配合，别人又不支持怎么办？针对这些问题，阿里巴巴对“赛马”机制做出了修改，给予了员工更多的自主权，鼓励员工通过演示在公司范围内吸引合作伙伴，并增强过程的仪式感。经过这些人性化的设计，员工的积极性被调动起来，一个个创新的项目从阿里内部被孵化出来，提升了组织的效能。

综上所述，企业的发展离不开变革，而变革的核心在于改变组织固有的“思维定势”。在《改变》一书中，作者提出了改变的两种模式，即第一序改变与第二序改变，前者发生在系统内部，后者跳出现有的系统框架。应用到企业经营中，第一序改变指的是对组织内的薄弱环节进行改变，但组织整体的运作模式不发生变化。而第二序改变则是从更高纬度对组织运作模式进行梳理与改变，使组织系统发生本质性的变化。

场景管理的提出，正是试图助推企业的第二序改变，让管理真正为经营服务，让资源在协作场景中发挥价值，以此来重新定义组织在互联时代价值挖掘、价值创造、价值增值以及价值传递的过程。

第六章　场景管理发挥价值的六大要素

经济学中的价值场理论指出，任何价值的创造、增值、转移与消亡都要依附于“场”。作为市场经济活动的载体，价值场的核心是交换，两个支撑要素是需求与供给。

价值交换的发生，意味着各参与主体之间先有交换需求，之后才是满足需求的供给。然而企业实践中的经营，往往是通过供给催生与拉动需求，尤其是在工业时代，市场给了企业过高的容错率，企业只要能生产出产品就能被市场消化。

但随着参与生产同类型产品的企业增多，供给趋于饱和，竞争就会愈发激烈，市场留给某一企业的机会越来越窄。为了能够在竞争中赢得生存空间并脱颖而出，企业在实践中经历过如下四个阶段的探索，才逐渐摸索到了商业的基本法则（见图6－1）：

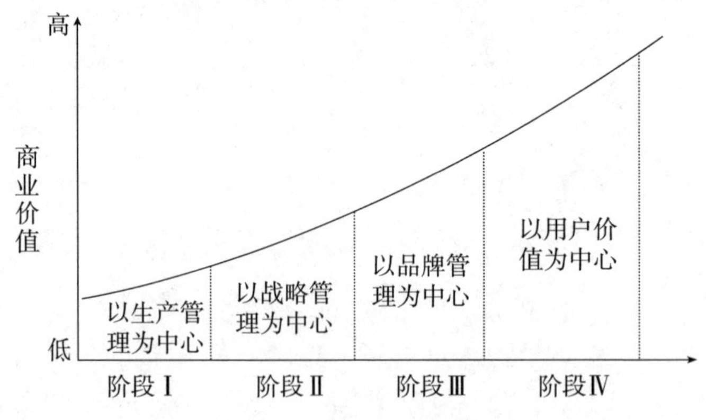

图6－1　企业管理变迁的四个阶段

阶段一：以生产管理为中心，探索如何更有效的销售产品。管理大师彼得德鲁克说过，企业的目标是创造客户，因此企业有且仅有的两项基本功能就是营销和创新。在用户需求开发并不是很充分的年代，企业营销最重要的活动就是找到目标用户并告知他们，我的产品能够为你们提供价值。

虽说彼时企业能够意识到营销是通过对接用户需求来实现用户价值，但企业对于用户价值的认知却只是停留在产品的功能与价格层面，而并没有给予用户需求足够的关注。因此这一阶段企业的典型特征是对内重生产，强调效率；对外重营销，强调效益。企业的核心诉求是通过产品占领更多的市场份额。

阶段二：以战略管理为中心，期望通过长期的规划领先竞争。如果说第一阶段企业探索的是如何有效销售，那么第二阶段企业就是通过组织能力的建设谋求持续经营。

在这一阶段，企业开始重视战略管理，将企业经营所关注的重点从“盈利”放到了“增长”上。在企业制定战略的过程中，定位理论、由外而内的竞争战略分析、由内而外的核心竞争力理论、关注成本与效率的规模效益理论，以及关注差异化发展的蓝海战略等都起到了深刻而长远的影响。

概括来讲，企业的战略管理，就是通过内外部的环境与资源分析，确定战略意图与发展定位，之后调整组合现有的资源与能力，建设发展需要的资源与能力来实现战略目标的过程。因此，这一阶段企业的典型特征是对内重视规划，强调创新；对外重视环境变化，强调竞争分析。企业的核心诉求是通过塑造核心竞争力来扩大市场份额，并把握发展机遇。

阶段三：以品牌管理为中心，期望在市场上建立企业标签。在第二阶段，组织中例如人力资源、研发、销售、生产等共享模块的规划与发展都需要以战略为导向，通过系统性的整合打造“组织优势”。而在第三阶段，企业经营的侧重点，则需要将“组织优势”转化为“市场标签”，让企业存续的理由从将产品与服务卖出去，升级到当用户需要解决某一问题时，首先想到的是某一家企业的产品和服务。

当企业通过战略分析明晰未来的发展方向与目标后，更重要的是通过内部的变革、创新以及资源与能力建设来支撑战略目标的实现。这种着眼于长期、稳扎稳打的措施看似有效，实则存在两个隐患：

第一，外部环境并不是静态的要素合集，而是动态的博弈过程。企业当初制定战略所参考的外部环境，会随着技术、竞争态势、用户需求等要素的变化而变化。而一旦战略制定出现方向性的错误，即使过程中执行正确，结果也是失败，这一点在摩托罗拉与诺基亚的发展中都有体现。

第二，如果将时间的维度拉长，企业经营所围绕的主题往往不是“增长”，而是“求存”。因为任何企业的任何业务都具有生命周期，企业想要获得更久的存续，就必须在现有核心业务衰退前，找到新的业务立足点。而能够跨越不同时期、不同战略与不同业务为企业带来“存续动力”的只有两个要素：人才与品牌。前者是组织效能的动力单元，后者是市场标签的核心体现。

考虑到人才的可流动性，真正能够随着时间的推移而不发生改变，沉淀为组织资源的只有品牌一个。例如可口可乐的总裁道格拉斯·达夫特说过，如果可口可乐在世界各地的厂房被一把大火烧光，只要可口可乐的品牌还在，被烧的厂房就能在一夜之间从废墟上崛地而起。

品牌对于企业的价值，在于行业以及产业内的“资源号召力”，更是市场对企业所提供产品的选择依据。组织在发展过程中的技术开发、产品升级换代、对外营销与公关，都能通过品牌，沉淀为用户可感知的价值。

阶段四：以用户价值为中心，实现价值共创。既然企业的长期规划、资源能力建设，以及品牌塑造的最终目的都是落脚在用户的价值感知上，那么如何界定用户价值就成了企业经营的关键。

在过去，经营者认为用户价值由企业本身创造。例如企业通过规模化发展、生产效率的提升、生产成本的降低最终反映到用户可感知的低价上；企业通过技术创新、设计与制造工艺的提升最终反映到用户可感知的产品性能上。但经营者缺乏考虑的一件事，就是企业所提供的"低价"或者"高产品性能"是不是真正被用户所需求？

造成这种对用户需求缺乏理解的原因有两个：

一是经营者的经营理念问题，认为只要能生产出"好"的产品，就一定能有销路。这种思维最大的弊端，就是企业认为的"好"，可能与用户认为的"好"不是同一个概念。例如夏普对其液晶屏分辨率与技术工艺的研发，远超用户肉眼能分辨的极限。这种对技术的痴迷导致其产品缺乏性价比，用户接受度不高，致使企业连年亏损，最终落得被鸿海集团收购的下场。

二是理解与挖掘用户需求的方法和工具，在互联网技术普及之前还很落后与单一。过去对用户需求的理解主要依靠用户访谈与问卷调查，前者样本量小但是有针对性，后者样本量大但缺乏聚焦。

实际上，无论是用户访谈还是问卷调查，两者都具有的一个明显劣势就是缺乏对用户过程行为的分析，因为用户在接受访谈和填写问卷时，通常都会从事后总结的角度出发，并带有主观偏见。一个广为人知的例子就是福特在进行用户调研时，询问人们需要一个什么样的交通工具时，几乎所有人的反馈都是一匹更快的马，而不是一辆性能更好的汽车。

因此，过去经营者认为用户价值由企业创造是具有一定的时代背景和技术局限。现如今，随着互联网技术的应用与普及，企业与用户的接触渠道以及交互方式正在变得丰富多样，企业可利用的分析工具也变得更加科学有效，于是对用户需求的理解与洞察被提到了一个新的高度，越来越多的企业也意识到，用户价值是由企业与用户共同创造。

因为任何产品/服务的设计都必须始于用户需求，任何产品/服务的交付都必须终于用户体验。企业在其中只是扮演了“摆渡者”的角色，去理解用户“当前的状态”，洞察用户“理想的诉求”，然后通过产品/服务帮助用户解决当下问题，助推用户实现理想目标。尤其是在当下的互联时代，任何没有用户交互，不能深入用户场景的产品/服务，由于不能有效的对接用户需求，一定会随着时间的推移被更有竞争力的替代品所淘汰。

因为任何面向用户交付产品/服务的企业都要遵守这样一条商业法则：**基于需求规律的供给产生价值。**

如今数据挖掘与分析工具的流行，使得企业可以更好地把握用户需求规律。在界定清楚谁是自己真正的用户后，企业可以利用各种分析工具来洞察在某一具体场景下，用户的行为、动机与决策依据。以充分的用户需求洞察为前提，企业就可以判断用户需求是否真的有变现的价值，并以此为依据设定交付目标。

因此，面向需求端，企业运营的核心是用户洞察、需求重构以及目标设定。

在设定好基于对用户需求理解的交付目标后，企业就要聚合起能够实现该目标的各项资源，通过机制的设计来保障组织内的各项活动能够为目标的实现而服务，并通过对协作场景的赋能来提高员工的协作效率水平。

此外，由于企业的经营与发展是一个不断优化、不断提升的过程，所以在经营的过程中还要做好动态管理，一方面做到具体问题具体对待；另一方面及时沉淀相关的方法、工具与经验。

因此，作为供给端，企业运营的核心是组织支撑、场景赋能以及动态管理。

综上所述，企业运营中的六个核心管理要素分别是用户洞察、需求重构、目标设定、组织支撑、场景赋能以及动态管理，这便是场景管理六要素（见图6－2）。

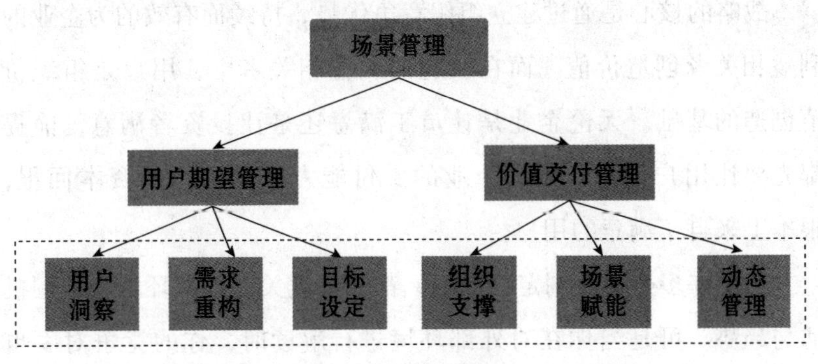

图6－2　场景管理六要素

上一章我们阐述了场景管理的内涵，将场景管理分为对外的用户期望管理以及对内的价值交付管理，并分别对其内容进行了论述。这一章的核心是通过基于需求规律的供给产生价值这一基本商业法则而衍生出来的六要素，从企业运营视角将用户期望管理以及价值交付管理统一为有机的整体。

一、用户洞察：场景中的用户行为、动机与决策

在读MBA时学过一门关于战略管理的课程。上第一节课的时候，教授问了这样一个问题："战略管理重要的第一步是什么？"有的人回答是了解自己的竞争对手；有的人回答是分析宏观环境、把握发展趋势；还有人回答是盘点内部资源、清楚自己的优势和劣势。

教授做总结说道：大家的回答都是战略管理的关键要素，然而战略管理重要的第一步是界定清楚谁才是自己真正的用户。在他看来，任何有助于企业盈利性成长的长期规划都属于战略管理的范畴。而谈到盈利性，企业必须要了解清楚，自己的营收从何而来？用户为何购买？以及他们为什么放弃了其他选项？

对以上问题的回答，可以直接导出企业的战略选择，即用户购买一家企业产品，是因为低价与竞品的差异，还是有针对性的服务？

战略的核心是通过建立组织竞争优势，持续而有效的为企业的利益相关者创造价值。而在所有的利益相关者中，用户是组织价值创造的基础。无论企业是让员工满意还是让投资者满意，前提都先要让用户满意。因为企业的支付能力以及组织的资本回报，根本上来自于满意的用户。

然而许多企业在制定战略时，都会过度关注外部环境，强调机遇与趋势。可是当你在对外部环境进行解读时，你的竞争对手也在进行着同样的事情；当你发现某种技术或者发展模式将成为趋势时，你的竞争对手很可能有同样的洞察。于是在对外部环境的解读上，你只是掌握了和竞争对手相同的对称性信息。**真正让你和竞争对手拉开差距的非对称信息，来自于对用户需求的洞察**。

这种洞察可以是一种对用户场景的构想，例如比尔盖茨在创办微软时希望每个人的桌面上都有一台电脑。这种洞察也可以是深入用户场景的交互，例如海尔的帝樽空调就是通过与用户的交互得知，出于对美观的考虑，用户想在客厅拥有一个圆柱形的空调而不是市场上普遍售卖的方形空调。

在互联网技术普及之前，企业对用户的洞察，用一个词概括就是“分层分类”。例如通过用户的收入、年龄、偏好、学历、职业等的不同化将用户划分为不同的类别。通过对用户消费频次、消费金额以及利润贡献的不同将用户划分高价值用户、重要保持客户、重要发展客户以及重要保留客户等。通过这种分层分类的方法，企业可以大体知道，哪一类型的用户为企业创造了怎样的价值，之后再有针对性的面对不同用户开发不同产品和提供不同服务。

随着互联网技术的普及以及管理学与心理学交叉发展，如今企业更想知道，在某一具体场景下，某一具体用户的行为过程是怎样的，行为背后的动机是什么，以及用户是怎样做出购买的决策。如果说之前企业对用户的理解停留在“群体”层面，那么如今企业对用户的洞察，是在往“个体”层面发展。企业通过对用户个体的理解，在提供个性化服务的同时，挖掘与创造更大的用户价值。

因此，互联网时代的用户洞察，要以场景为载体，了解用户在某一具体场景下的行为、动机与决策过程。

（一）场景中的用户行为

互联网技术的出现，使得企业可以对用户的线上行为进行追溯与分析。例如某一用户在社交网站发布状态、留言评论、在电商网站浏览网页、购买商品、进行评论等种种行为都是可以被记录和分析的。这些被记录的用户行为对企业来说就是用户数据，通过对用户数据的挖掘与分析，企业可以实现两个目的：①对某一用户需求进行更深层次的理解；②在类似场景中预测用户的行为。

例如肯德基通过对用户数据的分析，对目标用户进行有针对性的服务。对于那些经常消费的用户，肯德基会及时推送新品的优惠券，邀请他们对新品进行品鉴；对于那些不是很活跃的用户，肯德基会将他们之前消费过的产品以优惠券的形式再次推送给他们，以唤起之前消费的体验；对于那些经常在周末消费快餐的用户，肯德基会定期在周末推送给他们优惠券等。可以说正是对线上用户数据的分析，商家才更了解用户的习惯与消费偏好，才有机会提供个性化的服务。

随着大数据与人工智能的发展，线下的消费场景以后更会成为商家争夺用户资源的主战场，因为线下的场景意味着更多样化的用户交互方式，以及更准确的用户行为分析。例如亚马逊推出的线下新零售业务 Amazon Go，就是利用人工智能中的视频分析技术来识别用户身份、了解用户消费路径以及洞察用户消费习惯与偏好。这些收集到的数据会返回到后台，再利用大数据算法了解店内的货源与用户需求预测的匹配情况，了解影响用户需求变化的因素，并基于对用户的洞察进行精准营销等。

通过“场景”“数据”和“算法”的综合应用，商家可以通过对用户行为的分析来更准确的识别与获取高价值用户、了解用户的生命周期价值、掌握用户的兴趣点与关系网，并深层次的挖掘与及时响应用户需求。可以说在未来，商家是会变成“比用户更了解用户”的存在。

（二）场景中的用户动机

传统管理学中对用户消费动机的理解与要素归类，大抵上可以分为外部影响因素与内在影响因素。外部的因素有社会的文化环境、用户的消费环境、产品的销售地点、价格、促销情况，以及产品的功能特性等。而内在的影响因素通常包括用户对产品功能的理解程度、用户过去的消费经验、用户对待解决问题的界定，以及用户的消费偏好等。

可是这样的理论研究却往往让实践中的企业无从下手，因为在日常的经营活动中，企业关心的不是“影响用户动机的因素”，而是“如何才能提高用户的消费动机”。

要提高用户的消费动机，可以从以下两个关键词着手：

第一个关键词是“接触点管理”。所谓的接触点，就是指在用户的接触场景里，用户与产品实际发生交互的界面。例如在零售商店里，用户从看到货品的陈列，到拿起商品判断质量好坏，直到最后决定购买都是用户与产品的交互过程。接触点管理的核心是给予用户优越的体验，尤其是对于冲动型消费，接触点的体验是直接导致用户购买的关键。

第二个关键词是“动机来源管理”。往往用户购买某件产品的真实动机可能对于商家来说是犹如“暗箱”一般的存在。虽然在数据与算法的帮助下商家比以往更懂用户了，但用户的真实动机通常是一系列复杂的心理活动的结果。因此，我们不从用户的动机“是什么”入手，而是从用户的动机“是怎样形成”的角度来进行探究。

借助个体心理学领域的研究，我们知道所有个体行为最根本的出发点是“趋利避害”。应用到商业领域，用户因为购买一件产品而增强了社交认可、获得了优越体验、享受到了折扣优惠等都属于“趋利”的范畴，而用户因为购买一件产品解决了某种问题、降低了某种风险、远离了某种担忧等都属于“避害”的范畴。

因此，企业想要做好用户的动机来源管理，就需要深入的去理解，在用户的“趋利”动机与“避害”动机中，哪些是你能够抓住并利用，并最终实现与用户的共赢。

360 公司主打的电脑安全防卫系列产品便是充分利用了用户的这两种动机。例如在“趋利”的范畴里，360 公司推出了免费的杀毒软件，彻底打乱了行业格局。表面上是对行业的冲击，但本质上 360 真正目的还是让利用户，以此来换取流量。此外，对于安装 360 安全卫士的用户来说，每次开机的时候，都会有开机时间的提醒，而更重要的是有和其他用户的比较，说你的开机速度打败了百分之多少的用户，因此为了提高自己的开机速度，用户便会不由得去点击给电脑提速的按钮。

在“避害”的范畴里，360 推出的安全浏览器就是要帮助用户拦截木马和病毒、阻止可疑的弹窗等。而360安全卫士在进行电脑的体检的时候，从100分开始，随着不停检测出电脑问题，分数不断被扣掉，而分数掉到60分以下时，就会由原来的绿色变成鲜红色，试问有几个用户能够忍受这个“不及格”的分数而不去按照360的提示一步步地改善？

往往我们强调做一款好的产品要从用户的视角出发，而从用户视角出发的关键，就是把握用户“趋利避害”的动机来源。

（三）场景中的用户决策

场景中的用户洞察三要素之间的关系是用户行为，背后是用户动机，而用户的动机影响着用户的决策。通常当用户对某件产品有足够的消费动机时，用户的购买决策是一件水到渠成的事。

然而我们知道用户的“真实动机”往往不可知，因此只能从用户的“动机来源”去引导用户行为。所以我们对用户决策的理解，是从一个思考框架入手，看看哪些因素在左右着用户的决策。概括地讲，这些因素包括**面向用户的展示信息、用户的认知参与程度、用户的从众心理，以及用户的可替代选项。**

面向用户的展示信息也可以被称作是用户场景中的展示效应。即用户对某一件产品在感知、评估，以及接触场景中所收集到的各种产品信息、品牌信息或者企业故事等。

面向用户展示信息的一致性影响着用户的购买决策。例如商家通过广告让用户感知到了高价值，然而用户在进行主动评估的时候却收到了关于产品低价值的负面信息，之后在实际接触到产品时又发现了产品的一些低价值特征，这种情况通常会抑制用户的购买决策。

用户的认知参与程度指的是用户在进行不同的购买决策时，所需要调动的认知参与是不同的。例如当某一购买决策复杂且重要时，就需要用户高认知的参与，比如当用户打算买一部车时，要搜集、比较和思考的信息就会很多。但是当用户只是打算买一个冰激凌的时候，只需要按照过去的喜好来购买就可以了，这就是用户的低认知参与。

对于用户低认知参与的产品，营销的关键是打开用户的情绪系统，即促成用户购买的，更多的来自用户的非理性决策，来自用户的情绪共鸣。关于这个观点，莎莉·霍格斯黑德在《迷恋》一书里，有更详细的论述。

而对于用户高认知参与的产品，营销的关键是建立基于品牌形象的“二次信任”。这就是为什么在所有的售楼中心，汽车的4s店都有销售人员与用户进行大量的沟通和展示。因为越是复杂的、重要的决策，用户就越需要多方面的意见参考，而不会凭一时的冲动来决定购买。

往往在促进用户购买决策时，还有一个强有力的影响因素就是用户的从众心理。商业活动中的饥饿营销、排队效应、社群营销等背后都是用户从众心理的一种体现。

从众心理在商业活动中也可以被称为用户间的参考效应，尤其是在互联时代，用户在决定购买一件产品时更多参考的不是来自于商家提供的信息，而是来自于网络上其他用户所提供的信息。因为商家说自己的产品好不一定是真的好，但大家都说某一产品好，用户就有尝试的欲望。

最后一个思考用户决策的切入点是用户的可替代选项。这一点想要说明的逻辑是，在如今各种同质化产品充斥着用户生活的互联时代，企业想要让自己的产品脱颖而出，就不能只站在自己产品的功能与特性角度来判断产品的“固有优势”，而是应该站在用户的角度去思考，自己的产品较替代品具有哪些“比较优势”。

因为用户在做决策时，考虑的不是你的产品有多好，而是要选择一个对他来说"最好的那一个"。尤其是对提供类似产品的企业来讲，思考与实现自己产品的"比较优势"，是打开市场的关键。

二、需求重构：不是所有的用户需求都有被满足的价值

互联网背景下，用户需求是一个被过度关注与讨论的话题。好像企业抓住了用户需求，就是抓住了发展的"金钥匙"。然而大多数企业都陷入了一个思维误区，那就是认为用户需求只是某种用户未被满足的状态，而忽略了用户需求是一类可以解决的，对企业来说具有盈利潜力与盈利动力的用户问题。

拿我们经常使用的APP微信做一个例子。对于微信的使用者来说，有的人可能觉得微信现在的功能越来越复杂了，自己怀念之前纯粹的聊天环境；有的人会不喜欢聊天中的消息可撤回；有的人觉得微信的语音输入只有一分钟，显得很不够用；有的人则希望微信红包恢复到之前的提现不收费等。这些都是微信现有用户未被满足的状态，但微信显然不能一一去满足这些所谓的"用户需求"。因为解决这些问题，既不能为微信带来盈利潜力，也无法帮微信形成盈利动力。

对于现阶段的微信来说，它有两个主要的功能定位：首先，它是一款通信工具；其次，它可以成为移动互联网的功能入口。微信的通信工具属性带来流量，而微信的功能入口属性则负责将流量变现。流量对于微信来说就是盈利潜力，而通过提供附加功能实现流量变现则是微信的盈利动力。对于一款日活超9亿的APP来讲，微信的盈利潜力和动力都是巨大的。例如运营不到半年的微信小游戏，百日内上线超2000款，日广告流水过千万。如今的微信，已经从最初为了解决用户免费通信，演化到如今的移动互联网生态平台，为用户提供通信、支付、资讯、娱乐等一站式服务的"巨无霸"。

从微信的例子中我们可以看出用户需求不是用户想要什么企业就给予用户什么，最终对用户需求的理解要可以转化成为企业带来盈利性的产品。因此，在企业采取任何行动之前，要通过对用户需求的挖掘、分析、判断来筛掉那些“伪需求”，准确定位能为企业带来盈利性成长的“真需求”，这个过程，我们称之为用户需求的重构。

用户需求重构包含四个关键要素，分别是需求频次、需求等级、需求辐射范围度以及需求可实现度。任何需求只有经过这四个要素的筛选，才有被产品化的意义，否则即使某一需求勉强被产品化了，后续的盈利潜力与持续动力也可能出问题。

（一）需求频次

不同的用户需求，其频次会有较大差异，例如清洁护肤的需求一天至少两次，健身的需求可能一周若干次，旅行的需求可能一年诺干次，而婚纱摄影的需求一生也许就一次。因此需求频次要同客单价结合到一起，才能揭示需求被产品化后的盈利水平。

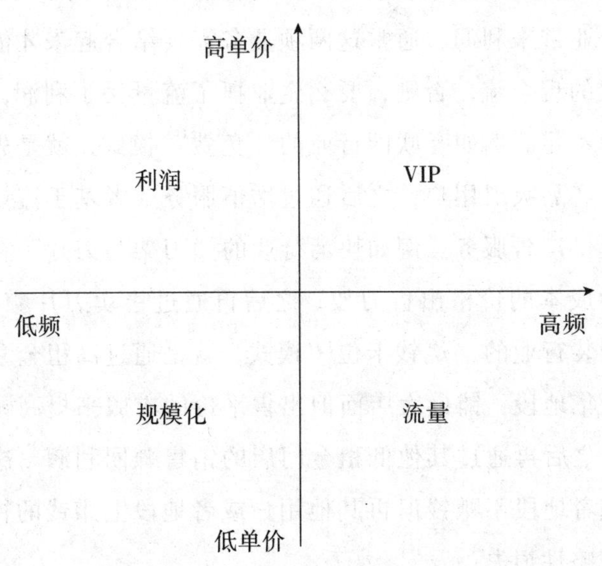

图6－3　需求频次与客单价矩阵

由图 6－3 所示，对于高频需求又能带来高客单价的用户群体自然是企业要极力拓展与维护的对象，例如航空公司对出行频繁的商务人士提供高质量的 VIP 服务，如独立的候机入口、安检通道、舒适的休息室等。因为高频又高客单价的业务并不多见，可一旦运作正常便会给企业带来稳定而丰富的现金流，所以针对这类客户群体的关系管理就十分关键。

低频需求又低单价的业务不是难以生存，而是企业想要发展，就需要通过规模化将零散的需求聚集起来，依靠走单走量，以及管理与技术的创新来提高生产效率、降低生产成本，以此达到盈利的目的。例如义乌一家做吸管的企业，虽然吸管单品的均价只有 8 厘钱，但该企业通过深耕行业 20 余年，如今年产吸管 7000 多吨，产值近 2 亿元，拥有全球塑料吸管行业 2/3 的专利，成为吸管行业的行业标准制定者。

高频低单价的业务能为企业带来流量，而低频高单价的业务则是要为企业带来利润。通常这两项业务需要结合起来才能为企业带来健康的现金流，否则，要么企业抓了流量丢了利润，要么盈利的动力不足。例如互联网行业的“免费”模式，就是先通过提供免费的产品吸引用户，之后通过增值服务或者基于流量基础向第三方提供广告服务。例如快消行业的“刀架与刀片”模式，就是以接近成本的价格出售刀架，之后再通过售卖刀片赚取利润。又例如服装行业的“烧钱卡位”模式，就是通过高租金拿下商业街上的豪华地段，铺设大店面但出售平价的衣服来提高顾客的价值感知，之后再通过其他低租金门店的销售赚回利润。这种在某些用户或者地段不赚钱但再其他用户或者地段上赚钱的行为，也叫作“战略性损失”。

因此，对于需求频率来讲，不一定是高频就好，低频就不好，而是要结合企业的商业模式来综合考虑需求产品化后的盈利状况。

（二）需求等级

用户需求等级揭示的是基于价值感知的用户黏性，即需求本身的等级越高，产品化后用户对其的价值感知就越大，随之用户对该产品的黏性就越强，进而用户生命周期的价值就越大。

基于马斯洛的需求层次理论，我们将商业环境中的用户需求分了三个等级，分别是生存状态满足、社交满足，以及个性化与优越感满足（见图6－4），这三个等级由低到高，代表不同程度的用户感知价值。对于可能产品化的需求来讲，企业可以考虑的是能否在原有需求等级的基础上，进行"需求拔高"。

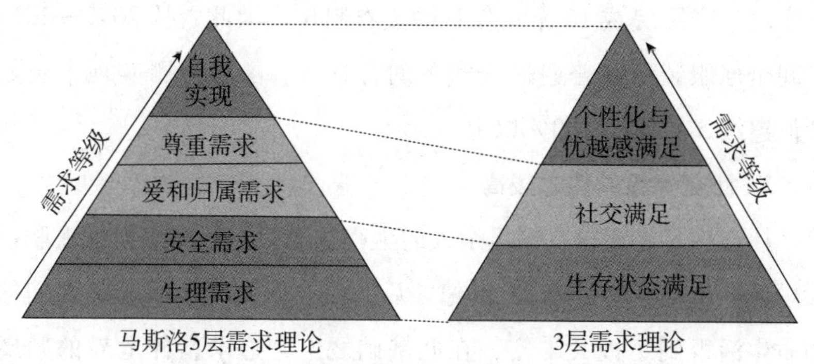

图6－4 基于马斯洛需求理论的3层需求理论

1. 生存状态等级的需求拔高

生存状态等级的需求范围最广，包括了用户衣、食、住、行、工作、生活中的大量基础性需求。这类基础性需求被产品化后，用户首先考虑的会是该产品的性价比，并且会货比三家。但是将需求拔高后，企业就能够吸引到更多的用户，从而赚取更多的收益。

生存状态的满足：

第一，可以被拔高到社交满足。例如Airbnb最初只是提供简单的住宿服务，并且与星级酒店的标准相去甚远。直到Airbnb推出“像当地人一样生活”的经营理念，将原本位于“生存状态”的住宿需求，提高到了“社交满足”等级，让用户通过旅行去结识当地的朋友，通过房东融入当地的生活圈，体验更深层次的本地化旅游以及社交活动。

第二，生态状态的满足可以被拔高到个性化与优越感满足。例如青岛酷特集团最初是做西装的大规模制造，满足了用户对于穿衣这一“生存状态”需求。然而经过10余年的转型升级，酷特集团成功将其用户需求升级到对西装的“个性化定制”。用户通过手机APP便可定制服装的面料、款式、颜色等个性化需求，酷特则会根据3D量体数据生成每个独特需求的“数据标签”，通过“数据驱动生产”完成10个工作日的成衣制作。因此，从2012—2017年间全球服装行业普遍进入寒冬的背景下，酷特集团实现了企业产值连续5年增长100%以上。

2. 社交等级的需求拔高

社交满足是用户在满足个人的生存状态后，还渴望与他人联系并融入社交圈子。进入21世纪之后，中产阶级迅速崛起，人们的物质生活得到了极大丰富，在此基础之上，追求精神世界的归属与联系就成了一个日益凸显的需求。从最初的网络博客、个人网络，到社交网站、微型博客，再到如今的社群平台、短视频平台，我们见证了人与人之间联系与互动方式的丰富和多元化。

可以说，许多商机正是孕育在如何更便捷与高效的让人们融入社交圈层，通过运营用户圈层来运营产品/服务

这一点，从海尔的转型中就可以窥探到一丝端倪。对于如今的海尔来说，它卖一台烤箱并不是收到货款再将烤箱送到用户手里就算完事，而是通过卖一台烤箱，连接一位烧烤爱好者，海尔聚集这些烧烤爱好者形成社群，再通过与这个社群的交互挖掘基于

“烧烤场景”的增值服务。

同样的，社交满足的需求也可以升级到个性化与优越感的满足。

20 世纪著名的电影制片人与艺术家安迪·沃霍尔说过：“在未来，每个人都能成名十五分钟。”这句话在如今的互联时代得到了充分的印证，即人们不单渴望与他人联系、融入社交圈子，更想要成为圈子里最受关注的“那一位”。所以我们看到，如今社交网站与平台的建设往往需要点赞机制、转发机制以及粉丝机制的设计，来给予平台上用户一个展示自己，并被他人认可与追捧的机会。

因此，社交活动的背后，往往伴随着人们展示自我个性，并获得优越感的需求。在上一章我们讲过用户渴望展示个性、获得优越感的需求本质上都是用户对理想状态的一种追求。应用到商业领域，满足用户渴望展示个性的途径要么是通过品牌人格化的塑造使之与用户产生共鸣，要么是通过个性化的定制突出产品的“专属性”与“唯一性”。

而用户优越感的来源也有两方面：一方面是用户基于自身感受的“优越体验”；另一方面是用户基于外界反馈的“身份认可”。在消费升级的背景下，无论是为用户营造“优越体验”，还是帮助用户建立“身份认可”，都是符合趋势的商业运作模式。因此，我们也看到会有越来越多的企业致力于“高端产品大众化、大众产品高端化”的发展路线，将过去小众圈子里的高端产品用高性价比带向大众，或将传统意义上的大众消费品进行增值升级，提供更高端的体验。

以上便是对需求等级的解释，在这一环节的需求重构上，企业关注的重点是要在原有需求的基础上，进行需求拔高，在源头上锁定更大的用户价值。

（三）需求辐射范围

需求的辐射范围指的是某一需求可以触及的用户体量，辐射范围越广，表明该需求的“刚需程度”越高，触及的用户体量越大。这一要素的重要性在于它对前两个要素具有“放大效应”的影响。

例如虽然某一用户需求的频次低，但如果该需求的辐射范围广，那么某一时间段的总需求频次便会处在一个高位。比如出境旅游对一些用户来讲一年也就是一两次，但随着中产阶级的财富增值，选择出境游的人数也越爱越多，尤其是到了旅游旺季，出境游就成为了一个高频的用户需求。

因此，对于需求等级来说，虽然等级越高的需求意味着更大的用户价值，但无论哪个等级的需求都会因为用户体量的增大而给企业带来更多的收益。所以即便是低等级的用户需求，只要能不断抓住并锁定一定体量的用户，也能为企业带来稳定健康的现金流与增长，使企业成为某一细分行业内的“隐性冠军”。

（四）需求可实现度

用户需求的可实现度分为三个指标的成熟度，这三个指标构成一个稳定的三角结构，经过了这三个指标的筛选，意味着用户需求被产品化后，能为企业带来稳定的盈利动力（见图6－5）。

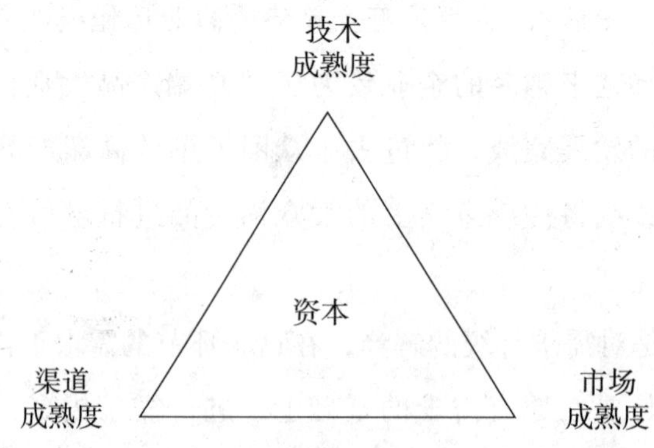

图6－5　用户需求可实现度的三个指标

指标一：需求产品化的技术成熟度。

在某一需求被产品化之前，企业首先应该考虑实现该需求所具备的技术成熟度。技术成熟度越高，意味着企业面临的竞争越激烈，反之如果该技术本身的成熟度越低，则企业所面临的风险就越大。

NASA 在长期的科研成果转化实践中率先提出了技术成熟度这一概念，它指出某项技术在被产品化之前，通常会经历 4 个阶段、9 个等级的过程（见图 6－6）。

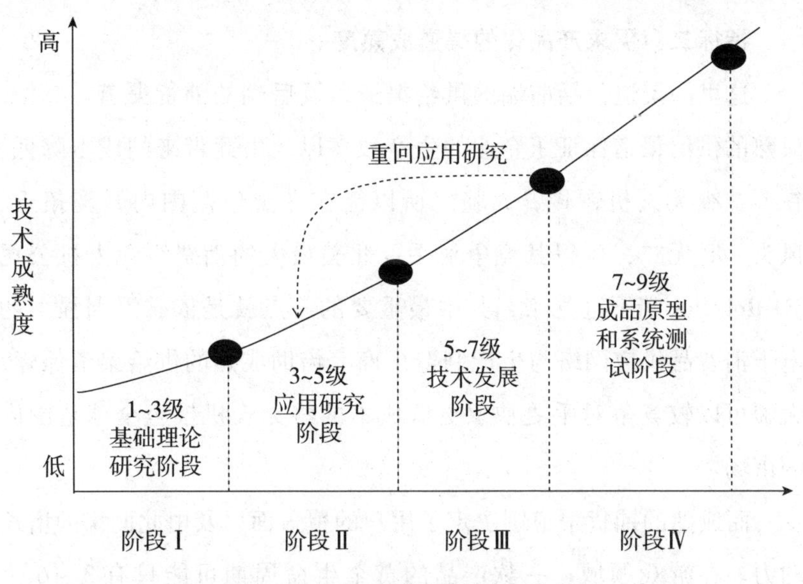

图 6－6　技术成熟的四个阶段

其中 1－3 级属于基础理论研究阶段，这一阶段通常只发生在高等教育机构或者研发机构的实验室里。3～5 级对应的是应用研究阶段，在这一阶段一些企业开始介入，与各研发机构形成合作关系，共同探索理论研究的应用方向。

5～7 级对应的是技术发展阶段，在这一阶段研究的作用开始变弱，企业的作用开始加强，并试图将某些技术商业化。由于低于7级的技术依旧面临着诸多的风险，这一阶段也通常被称作是科研成果转化的“死亡谷”，许多商业化失败的技术又会回到应用研究阶段。最后，7~9级对应的是成品原型和系统测试阶段，这一阶段是技术产品化后推向市场的准备阶段。

可以说7级是技术成果转化的一个门槛。往往许多技术在5~7级时会被市场炒的火热，但真正应用起来却发现是各种“坑”，需要企业有耐心对技术进行持续投入，而一旦率先突破7级的技术，就能为企业带来先发优势与一定时期内的竞争力。

指标二：需求产品化的渠道成熟度。

这里的渠道包括前端的供给渠道以及后端的铺货渠道。其中，成熟的供给渠道保证了企业的生产效率以及由此带来的成本降低。在消费级无人机领域，大疆之所以能在在全球范围内开疆拓土、风头一时无二，压得其竞争对手：北美最大的消费级无人机公司3D Robotics喘不过气来，其中最重要的一点就是依靠深圳强大的电子消费品供应网络与生产制造厂商。借助成熟的供给渠道保障，大疆可以较竞争对手更快、更低成本的将无人机推至全球范围内的市场。

而成熟的铺货渠道则决定了用户的覆盖面以及由此而来的增长动力。在游戏领域，一款产品的黄金生命周期可能只有3~6个月，新品的竞争十分激烈。这导致的结果是游戏行业绝大部分的利润会被分销渠道拿走，而游戏的设计与开发公司仅仅赚到少部分的利润。例如腾讯正是依靠自己强大的渠道影响力与用户覆盖面，牢牢占据了国内游戏领域，行业第一的位置。

通常许多企业能够捕捉到某一行业中，未被满足的用户需求，但真正进来后却发现“隔行如隔山”。其中的门道，除了技术实现能力以外，大多存在于前端的供给渠道与后端的铺货渠道，如果不能捋顺这两个通路，想要满足用户需求的愿望，往往是竹篮打水一场空。

指标三：市场成熟度。

市场成熟度越高，现有的行业格局就越稳固，除非有颠覆性的技术或者模式，否则新进入者很难进入并存活下来。而市场成熟度越低，企业就要花费很大的市场教育成本，如果没有现金流的支撑，那么企业很可能是为他人做了嫁衣。

2009 年，有一家创意产品的电商上线，名为 Quirky。Quirky 模式的独特之处在于，利用众包的方式，让社群参与到产品的设计、开发、生产以及销售各个环节。在 Quirky 的官网上，用户可以提交他们的产品创意，也可以对他人的产品创意进行投票与评价。每一周，Quirky 会从这些用户提交的创意中选出一个并制成成品销售。这一模式曾让 Quirky 被誉为是下一个“宝洁”。然而就是这样一个风光无二的公司，却在 2015 年宣告破产。而其破产的重要原因，就是市场对这种模式的接受程度还不高，但 Quirky 却要为此支付沉重的运营成本，最终导致现金流的断裂。

毕竟，无论企业捕捉到多么高价值的用户需求，最终还是要将需求产品化来让市场买单，以支撑企业运营与发展，否则任何看起来美好的用户需求，对企业来讲也无异于空中楼阁。

三、目标设定：企业唯一的发展目标是提供差异化价值

在需求被产品化的过程中，企业的能力与技术、渠道与资源，以及外部的市场环境都是需要考虑的因素。然而能力、技术、渠道、资源等都不是需求被产品化的关键因素。需求产品化的关键因素是企业创造了难以被模仿的用户价值，同时又为自己带来收益。

所以从用户需求到产品需求的纽带，是企业提供的差异化价

值，其他的因素只是在支撑这种差异化价值的创造（见图6－7）。

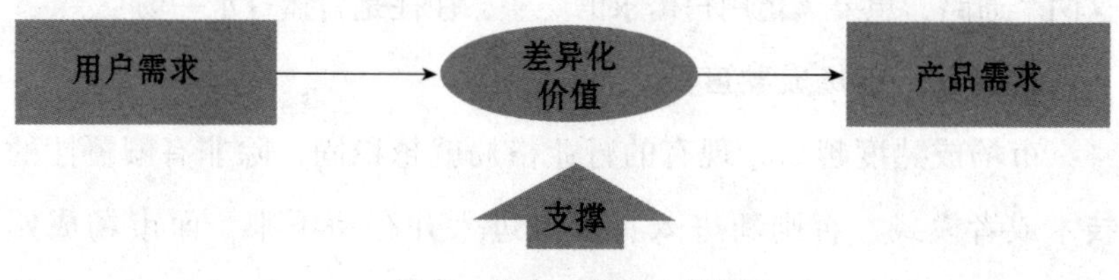

图6－7 从用户需求到产品需求

回顾商业史我们发现，凡是巨头的崛起，都遵循着这样两条差异化发展的规律：

规律一：将某一地区已经被证明有发展潜力或者已经取得一定成绩的商业模式移植到另一地区，并根据当地的商业环境做出改变。因为地域之间的发展是不均衡的，发达地区的商业进程总会比发展地区领先若干年，所以对于发展地区来讲，发达地区的商业模式就是趋势，就有可参考的价值。

这一条规律，就是软银创始人孙正义所说的“时光机理论”，例如马云正是在美国看到了电子商务的前景才决定回国创建阿里巴巴。只是在发展的过程中，阿里巴巴坚持了自己的差异化道路。

例如同样采取的是C2C模式，淘宝却与ebay易趣有着不同的运作模式。在盈利模式上，易趣选择的是向卖家收取登录费用和交易佣金，而淘宝则是实行免费政策，通过后期的广告费与增值服务来赚取盈利。在交易模式上，淘宝率先推出了“支付宝”来为买家提供支付保障，并推出了“淘宝旺旺”来鼓励买家与卖家之间进行沟通。

在淘宝网刚上线时，易趣背后已经有国际电子商务巨头ebay的加持。然而易趣成也靠ebay的经验与资本加持，败也是因为ebay的影响与限制。因为“趋势”一定要契合当前地域的“商业环境”才能有发展动力，在某一商业环境下证明成功的模式在新的环境下如果不做出改变，发展就一定会受阻。

往往创业之初的小公司在技术、能力与资源上与大企业相去甚远，比起大企业一板一眼“正确的做事”，小公司的发展之道是通过自身的灵活性“做正确的事”。而所谓正确的事，就是通过快速的行动为用户带去差异化价值，这也正是彼时的淘宝之所能甩开易趣的成功之道。

规律二：巨头的崛起无不是抓住了发展的“窗口期”，创造并提供了之前不曾被触及的用户价值。例如谷歌成立之前，用户接入互联网的端口通常是门户网站，而谷歌则可以根据用户的关键词检索找到所有的相关网页，极大地提高了用户在互联网上寻找信息的效率。而在 Facebook 成立之前，个人博客、交友网站主打的是用户通过互联网“展示自己”，但 Facebook 却将网站的重点放在让用户通过互联网“连接他人”，从而一举成为全球最大的社交网站。

一旦巨头在行业内建立了自己的地位，后来者其实很难动摇，所以下一个颠覆谷歌的，一定不来自于搜索领域；下一个颠覆 Facebook 的，一定不来自于熟人社交领域。

因为巨头们在发展、巩固核心业务的同时，也在通过经验与能力的积累寻找并创造着新的用户价值。例如谷歌通过自己的图像识别方面的技术进入自动驾驶领域，Facebook 通过积累大量的用户行为数据进军人工智能领域等。这些行为都说明了巨头们也在试图抓住新的“窗口期”，寻求自身成长的“第二曲线”。

从以上两个规律可以看出，成功的企业要么是差异化的发展了已被证明有潜力的商业模式，要么是抓住了“窗口期”，创造了之前没有的用户价值。通常我们总会强调企业经营要把握好用户需求，但真正聪明的企业懂得将用户需求成功的转化为产品需求，其中的关键，正是企业所能提供的差异化价值。

实践中，企业的价值创造往往伴随着目标的设定，要么是营收、利润增长的财务目标，要么是成为著名品牌或者行业领军者的愿景目标。企业通过组织能力的建设、资源的整合，以及技术创新等手段来实现对这两类目标的追求，完成自身的发展壮大。

在企业追求目标，创造价值的过程中，经营者始终要注意的一点是：**对于企业来讲，价值创造是基于组织内部的生产运作效率；可是对用户来讲，价值是基于产品综合体验的比较。**用户不会去关心企业是如何有效的捕捉他们的需求，又是如何通过高效的生产运作将该需求产品化，他们只关心企业所提供的产品能否被他们所需，是否在价格、功能、效用等方面具有比较优势。

因此，只有当企业的生产运作效率是为面向用户的差异化产品体验而服务时，企业才算是创造了用户价值。通常企业可以为自己设置任何的财务目标与愿景目标，但实现这些目标最具可持续性的方式一定是因为企业创造了差异化的用户价值。

此外，企业在创造差异化用户价值过程中所聚合的资源、发展起来的能力一定是要竞争对手难以模仿和替代的。因为任何企业想要在商业环境中生存与发展，最好的防御是要不断突破自己来领先竞争，最好的进攻是建立起竞争对手无法抗衡的综合优势。而任何的竞争优势，最后都将转化成用户购买的决策依据，都会形成用户心目中对企业所提供产品的价值认知。

在谈到企业的竞争与发展时，波特的三种竞争战略是我们绕不开的经典。波特教授指出，企业想要在竞争中获得可持续发展，可以采取的三种基本竞争战略分别是：总成本领先战略、差异化战略，以及集中战略。

总成本领先战略以及集中战略都是从组织视角出发所采取的战略，差异化战略是从用户视角出发，创造差异化价值的战略。但是，总成本领先以及集中战略想要做得好，本质上也是需要面向用户提供差异化价值。

第一，总成本领先战略指的是企业通过生产工艺的改进、管理水平的提升，以及费用降低等手段来减低总的生产成本，进而降低售价来应对产品同质化的竞争。企业通过低价来让渡消费者剩余，以此来弥补产品在创新或者技术含量方面的匮乏（见图6－8）。

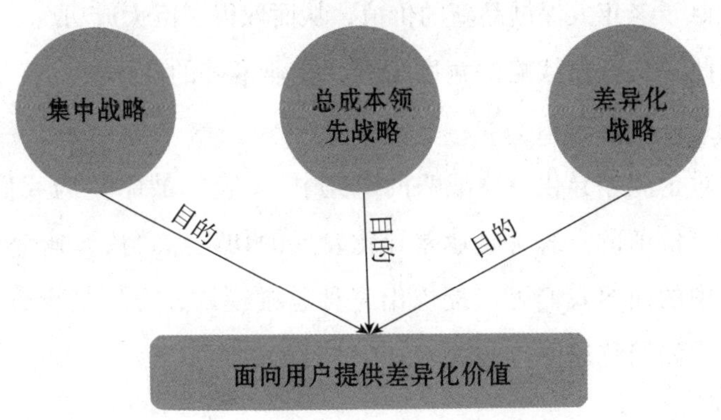

图6－8　波特三种基本战略的目标

这里分两种情况：第一种情况是企业降低总生产成本的手段和方法是竞争对手能够模仿。这时的竞争往往以价格战的方式呈现，每个参与者都为了稀薄的利润而厮杀。第二种情况是企业降低总生产成本的手段和方法是竞争对手难以模仿的，这时企业便拥有了价格优势。而作为唯一有能力提供低价，或者说高性价比产品的企业，它就能够为用户提供差异化价值。

但凡是能够提供高性价比产品的企业，一定是通过运营效率，而不是高毛利空间来赚取利润，因为运营效率具有不可模仿性，但高毛利空间却不具备。例如名创优品之所以只赚 8 个点的毛利，是因为别的十元店如果也只赚 8 个点的毛利，那一定是亏钱，但名创优品却能够通过运营效率保证盈利。如此，名创优品就为该行业设置了一个较高的竞争门槛，建立了自己的竞争势能。

第二，集中战略指的是企业将产品与服务集中到特定区域或者特定的用户群体上。然而，当你可以定位某一区域或者某一用户群体的时候，你的竞争对手同样可以定位相同的区域或者用户群体。真正让你锁定特定区域或特定用户群体的，还是你所能提供的差异化价值。例如同样是出售老年人保健品，脑白金就通过定位“过节送礼”赋予老年人保健品新的价值，从而取得了巨大成功。

因此，从竞争战略的角度来看，企业最好的竞争方式就是面向用户创造差异化价值。

在对企业差异化竞争战略的研究中，“蓝海战略”为我们提供了非常有价值的、思考企业差异化发展的切入点。从《蓝海战略》这本书中的内容我们可以提炼出三种思维模式，分别是**拆分思维、水平思维和简化思维**（见图 6－9）。

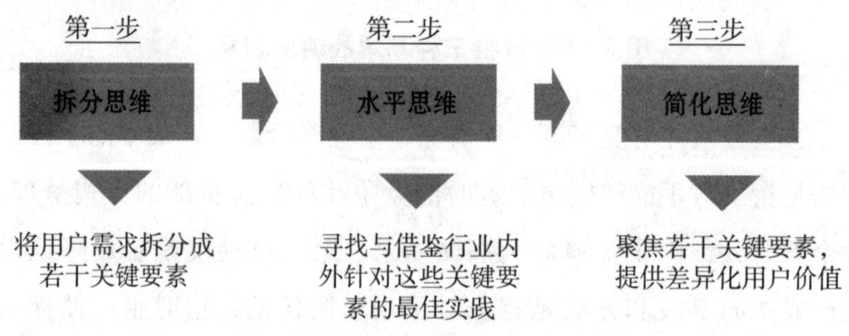

图 6－9　差异化战略执行步骤

这里我们以西南航空公司为例。因为蓝海战略的核心是价值创新，而价值创新的前提是对用户需求的准确把握。以下是蓝海战略的执行步骤：

第一步，拆分思维指的就是将用户需求拆分成更小维度的支撑要素，以此来重新审视企业所能提供的用户价值。例如西南航空公司将用户从 A 地到 B 地的便捷出行需求细分成如下若干支撑要素：用户所付出的成本（价格）、候机时间、登机服务、随机服务，以及飞行时间等。

第二步，利用水平思维去重新审视这些需求的支撑要素。例如先“向后看”，有哪些行业一贯坚守的“传统”是我们能打破的？比如能否通过降低用户价值感知低的服务来降低航空飞行的票价，使得用户为飞行支付的成本与自驾出行的成本相差无几，从而降低用户的转化成本，吸引以往将自驾出行作为首选方式的那一部分用户。

然后再“看向当下”，审视目前行业内大家所关注的重点，我们如何提升优化？例如能否进一步提升登机服务的效率与质量。用户往往不愿选择飞行出行是因为要经历过安检、托运行李、候机等既烦琐又耗时的步骤。如果可以提升这些环节的效率，帮助用户节省时间成本，就是创造了用户价值。

最后再“向前看”，审视西南航空能否通过创新，建立频繁的点对点直航起飞网络来取得和汽车出行一样的便捷性，在建立起差异化优势的同时，吸引更多的用户。

第三步，根据以上两步所推导出来的结果，通过简化思维，用做减法的方式聚焦战略行动，集中组织优势来创造经营效率与效益。例如西南航空公司主动避开大机场，并且不设远程航班，而是聚焦短程、低成本的点对点飞行服务。此外，西南航空不提供餐饮、不联运行李，也不提供高级仓位服务，飞机停靠航站楼的时间只有 15 分钟，以此提高客运的周转效率。这一系列的运作都是为了支撑其低成本、高便捷性的差异化用户价值。

四、组织支撑：构建价值创造的硬环境

在确定了差异化的用户价值后，就需要将该价值以产品或者服务的形式体现出来，并去市场上对接更多有同类需求的用户。用来实现这两项功能的，就是组织。即组织的两项基本功能是将用户需求产品化（创新过程）以及将产品对接更多的用户（营销过程）。

管理学家明茨伯格指出，组织有四种基本形式，分别是集合、链条、中枢以及网络。前两者是组织的传统形式，后两者是明茨伯格认为的理想组织形式。

在明茨伯格看来，组织的初级形态就是各种机器、员工和物件的集合。这些资源聚合在一起完成了某种组织功能，但这些资源之间通常缺乏联系。例如在咨询公司里，咨询顾问为自己的客户提供专业服务，团队成员之间会频繁的互动交流，然而不同团队之间却缺乏联系。只不过不同咨询团队会共享组织的办公资源，例如办公设备、行政服务等。

组织在集合之上的形式是链条。链条指的是不同合集之间发生了有次序的联系。例如在生产型企业，采购部门负责采购原材料，原材料进入生产线，产出的成品之后进入质检部门，质检合格后再被运送给用户。链条型组织的出现，使得生产从原材料到成品的过程可以被标准化，以此来提高作业效率。然而链条的线性关系决定了组织内不同部门之间缺乏联系，只会关注眼前的事务而不考虑组织整体的效能。

商业环境的复杂要求组织内部的交互不再是线性的、单方向的，而是双向的、多维度的。以往企业新产品的研发只是研发部门的事情，如今则需要市场部、技术部、研发部、生产部等多部

门的协作配合，并将用户纳入新品开发的全周期中。因此链条型组织已经不能适应如今商业环境对组织灵活性与效能的要求。

所以，明茨伯格认为未来的组织形态一定是朝着中枢和网络化方向发展。所谓的中枢，指的是组织的存在要为内部的各项活动定方向、定机制，并协调各资源来实现组织目标。而网络化指的则是组织通过资源聚合，通过无边界的协作来创造用户价值，并共享回报。

因此，“中枢”与“网络”构成了组织的二元结构（见图6－10）。

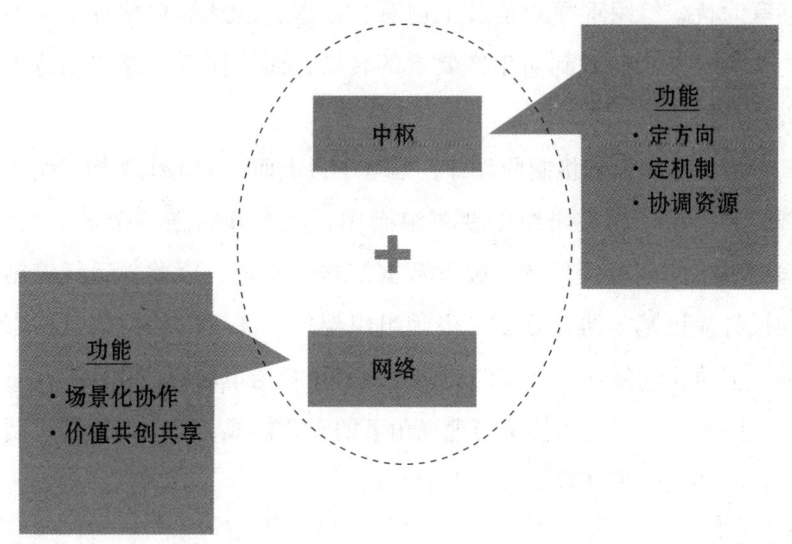

图6－10　二元组织结构图

实际上，任何商业组织存在的根本，都需要有目标方向、有支撑实现该目标的各项资源，以及有保障组织内各项活动有序开展的机制。而依附于组织的员工，正是在明确的方向、资源的支撑，以及机制的保障下来有效地进行价值创造活动。

过去组织经营方向的确定是自上而下，员工只需要按照上级的指令去完成任务即可。为了让员工交付满意的结果，组织前有战略目标、晋升通道、薪酬激励的牵引，后有绩效考核、岗位职责的约束。

而在组织变革的趋势中，组织的经营方向开始由全员共同确定，员工不再依赖于上级的指令，而是充分发挥主观能动性与经营意识去实现目标，因为目标的实现与自己所能得到的报酬息息相关。实践中，海尔将这种模式发展成了具有自身特色的“人单合一”体系。“人”即创客，“单”即用户价值，创客能够为用户创造多大的价值，就能分享多大的回报。

工业时代，组织重视的是厂房、设备、机器等实物资源，而在互联时代，组织重视的是员工创意、数据、信息等软性资源。因为实物资源只能做到对生产要素的转换，而软性资源能够创造更大的价值增值。

过去组织运行机制的设计，是基于自上而下的组织架构，基于部门和岗位，而在组织的变革浪潮中，组织开始强调全员经营，强调员工的创造性发挥，强调数据流与信息流，因此，运行机制的设计应该基于协作场景。因为组织架构、部门以及岗位是静态的，但协作场景却是动态的，能够应对用户与市场的变化而变化。

图 6－11 对比了传统管理视角下的经营模式、资源配置和机制设计与场景管理视觉下这三者的不同：

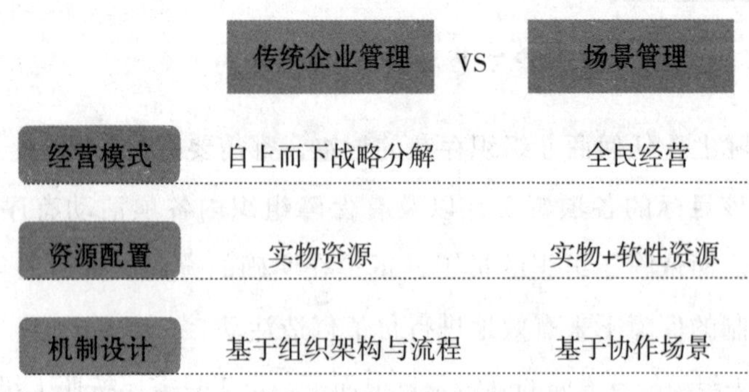

图 6－11　传统企业管理与场景管理的差异

在场景管理的视角下，组织对员工价值创造的支撑，首先，让全员充分参与经营；其次，为目标的实现和匹配相应的资源；最后，基于协作场景设计相应的保障机制。协作场景是员工价值创造的核心，组织内部的所有价值创造活动，都应该是围绕协作场景展开。

那么一个有价值的协作场景具有怎样的特征呢？

1．场景化协作要有问题导向的目标和任务

组织实现目标的过程是解决一个又一个问题的过程。如果组织的目标是来年营收增长10%，那么接下来需要解决的问题就是这10%的营收增长从何而来？为了实现该目标组织需要哪些资源能力建设？为了适应企业的发展，管理方面又需要做哪些提升？

通常，这些问题的解决依靠的不是个人，而是团队的付出和努力。上至企业的董事会，下至面对具体问题的工作小组，组织中解决问题的方式用一个词概括就是“群策群力”。尤其是商业环境日益复杂、竞争愈发激烈的今天，组织的输出靠的一定是团队的智慧。

如果将组织所面临的问题分为对内和对外两部分，那么任何一个企业所面对的问题都可以被归纳为以下四个方面（见图6－12）。

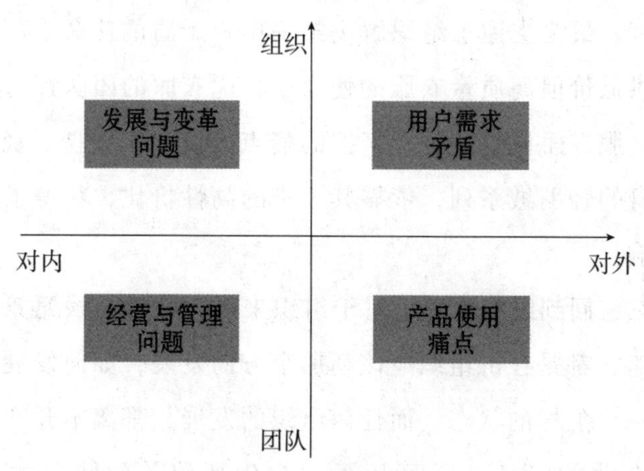

图6－12　组织问题归类

第一，组织作为一个整体，对外要面向用户需求，创造用户价值。然而现实中的用户需求却往往是以一种矛盾的状态存在。例如小米为用户提供了高性价比的智能手机，然而用户却有着使用低价手机带来的个人社交形象的担忧。因此小米在前期的发展中将用户的注意力转移到了“发烧友”“跑分”“参与感”等关注点上，让用户觉得使用小米手机不是因为“低价”，而是因为很“专业”、很“酷”。

又例如 NetJets 解决了用户享受私人飞机的便捷，又不愿承担成本高昂的养护的矛盾；BV 解决了用户购入奢侈品又怕人知晓，想保持低调的矛盾；健怡可乐解决了用户想喝饮料又不想摄入糖分的矛盾等。这样的例子不胜枚举，正如优衣库创始人柳井正说的那样，企业经营的价值就在于解决了用户矛盾。在柳井正看来优衣库存在的意义的就是因为人人都想花更少的价钱，买到质量更好的衣服。

第二，作为组织里的团队，对外与用户交互的目的，就是通过不断挖掘、反馈并改善用户在产品使用中的问题，以此来提升用户满意度，最终支撑了组织解决某一用户矛盾的使命。例如在为用户提供低价但高质量衣服的使命中，优衣库的团队针对用户在穿着羽绒服方面显得臃肿、笨拙的痛点，设计了便携、轻盈、保暖又修身的轻羽绒系列，依靠其一贯的高性价比，获得了很好的市场反响。

第三，回到组织内部，对于组织来讲，无论是谈愿景、使命还是战略，都是在讲组织应该朝那个方向发展，如何发展，以及发展至一个怎样的状态。而任何组织的发展，都离不开变革，作为百年企业的 IBM 正是经历了四次生死攸关的转型才走到了今天。

所以发展与变革，是组织存在不变的主题，也是组织存在要一直面对的问题。

因而组织中的团队在日常经营和管理上解决的一个又一个的“小”问题，都是为了支撑组织发展和变革的“大”问题。通过将组织发展与变革的问题拆分成一个个经营与管理上的问题，再由组织中的团队群策群力去解决，形成了组织运作的系统性和协同性。

2. 场景化协作是为了有效决策和高效执行

组织中的协作首先是为了决策的“有效性”，之后才是执行。高效的执行一定是“设计”出来的，而不是过程中“做”出来的。

想要通过协作制定有效的决策，需要具备三个前提：

（1）界定清楚要解决的问题。我们看到很多企业在决策会议上浪费了大量时间也无法形成有效决策，进行了大量的讨论也无法统一意见。归根结底，是没有界定清楚要解决的问题是什么。当参会人员只是针对现象发表言论，结果就一定是众说纷纭，然而当大家是针对问题提供思路，虽然也会有相左的意见，但争论的结果一定是奔着解决问题去的。比如将针对业绩下降了3%的会议换成如何将业绩提高3%所召开的会议，效率将完全不同。

（2）信息共享。这里的信息共享指的不是针对要决策的事项做到信息共享，而是在企业的日常经营活动中做到信息共享。因为我们知道，企业所面对的任何问题都是一个系统性问题。要解决企业中某一个问题，就需要把该问题放到整个组织的运行系统当中去考量。所以如果在平时做不到信息共享，那么在做决策的时候就需要将大量的时间花费到沟通协调上，并且还不一定能取得理想效果。

当然，传统组织形态中领导威信的一部分就来自于独占信息。

把这些信息分享出去，就意味着权力的削弱。往往在组织变革中，这是一个很重要的观念转变问题，是要考验领导者是否具有“平权”精神。

(3) 多元化背景经验。在公司董事会层面的决策，通常需要来自不同行业，具有不同管理经验与背景的董事共同为公司的发展出谋划策，甚至有学者专门研究了性别、经历多元化的董事成员对上市公司股票表现的积极影响。而对于公司日常经营管理层面的重要一些决策，例如新产品的开发，通常也是需要不同部门人员的参与，来给出不同视角的专业意见。

总之对于决策来说，重要的不是做决定，而是做决定前各种见解和看法之间的“互补”。要做到这种互补，就需要参与决策的人员具备多元化的背景经验。

综上所述，具备了这三个原则，企业就能通过资源协作制定出有效的决策。但要建设好从有效决策到高效执行的通路，企业还需要把握以下四个原则：

第一，聚焦。我们知道任何企业的经营都会受到资源有限性的约束，企业想要在资源条件有限的状态下取得预期经营结果，需要做到的一个关键就是聚焦。资源协作的聚焦体现在三个方面：①对问题的聚焦；②对目标/结果的聚焦；③拥有一致连贯的行动。

例如在决定采取低成本战略时，企业所需要聚焦的问题就是如何获得竞争对手难以模仿的低成本，为此，企业对执行结果的聚焦就要做到相同产品、同等价位下，竞争对手无法持续性经营。而一致连贯的行动就是全员在日常经营活动中的种种行为都具有成本节约意识，都在为了企业的低成本战略而群策群力。

第二，扬长避短。任何组织都有其短板，甚至就连企业的固有优势里，也有竞争对手可以利用和攻击的弱点。例如在 20 世纪 80 年代百事可乐在市场上对可口可乐发起进攻的切入点，正是可口可乐一直引以为傲的传统和经典。因此，从发展的角度看，企业经营的重点不是补齐一个又一个短板，而是专注于自己的优势。甚至是，通过不断颠覆自己的优势来让竞争对手难以望其项背。

从资源利用的有效性来看，决策与执行的重点，都是尽可能发挥组织的优势，规避组织的劣势，从而最大化组织效能。

第三，以终为始。因为组织在发展过程中所聚合起来的资源是动态变化的，所以任何决策的出发点，都不是组织现有资源条件，而是“把事情做成功”所应具备的资源条件。这是一种倒推的思维，同时也是企业经营的根本理念。就如同任何企业成立之初，是先有愿景使命，之后才有行为；先相信自己能够成功，然后才能看见自己成功。

第四，在决策中明晰执行路径。一个有效的决策，不单单是决定“做什么”，更重要的是要“怎么做”，因为决策的正确与否不是在敲定决策的那一刻决定的，而是通过执行的结果来印证的。因此，抛开人的因素不谈，任何高效的执行都需要两个前提：①决策中明晰的执行路径；②组织本身拥有的运作效率。

（4）场景化协作要有可衡量的结果。协作要以解决具体问题为前提，要制定有效的决策以及高效的去执行。这些举措，都是为了资源协作要产出结果，并且这个结果要能够被衡量。

在为企业做绩效管理项目时，与部门负责人沟通时遇到过被暗示多一些定性的指标，少一些定量的指标。究其原因，因为定量的指标需要实打实的做出来，而定性的指标只要做得差不多就可以了。

要知道，当结果失去了具体的衡量标准，执行过程一定是大打折扣。因为一个具体的、可衡量的结果，在组织运行中起着三个重要的作用：①让员工了解工作的重要性；②让工作对产出负责；③匹配员工的产出与相应的价值。

首先，工作的重要性体现在工作结果对组织的影响。一个清晰、可衡量的结果不仅要让员工明确“努力的方向”，更要让员工知道努力的意义。其次，组织中的任何工作都是为了产出，过程中的“苦劳”不等于“结果”。评价一个员工的依据，永远是他成功地做好了哪些事。最后，当员工的产出可以被客观地衡量，组织就能依此来为其分配价值所得。不同于传统的“按岗位付薪”或者“按能力付薪”，这种“按绩效结果付薪”的方式，正在被一批例如晨星公司、海尔集团等走在组织变革前列的企业所采纳。

综上所述，组织的存在为依附于组织的员工提供了协作场景，提供了实现目标所需的各项资源，以及提供了保障协作有序、高效开展的各项机制，为员工的价值创造和价值获取，创造了可能。

五、场景赋能：构建价值创造的软环境

传统管理的诞生与发展都深受两个哲学理论的影响：一是还原论；二是机械论。

还原论认为一个复杂的对象，可以通过将其拆分成更小单位的组成部分，再通过研究这些组成部分，来理解这个对象。例如，在还原论的影响下，从企业的角度来看，产品就是由各个功能零件组合而成，因此只要各个功能零件的质量过关、成本可控，那么最终生产出来的产品就会是有价值的好产品。

机械论认为这个世界是个巨大的机器，通过内部零件的衔接和有条不紊的运作，因此一切都是可计算、可预测、可规划的。在机械论世界观的影响下，组织管理的核心就是计划、指令与控制，

通过事前周密的计划与过程的严密控制就能促使组织实现既定目标。

随着工业时代的繁荣，这些基于还原论与机械论的理念也成了企业经营管理的“金科玉律”，然而进入互联时代，网络化连接提升了我们所处世界的复杂程度，一些过去我们认为的“金科玉律”也在悄然发生着变化。

如今我们看待一个组织的管理，不再关注自上而下的计划与控制，而是侧重自下而上的创意与执行；如今我们评价一款产品的价值，不单是产品的功能、质量、价格等要素，而是在此之上叠加的时尚感、体验感，以及文化、环保等要素。

过去只要有设备、有工人、有原材料就能制造出产品，如今产品的制造还要强调设计与创意。设备、工人、原材料等过去充分且必要的资源要素，如今只是生产的基础要素，所有过去的最高标准，只是今天的最低要求。

所以当我们强调价值创造时，资源的配置只是基础，真正让产品增值的设计与创意，更多来自于组织的机制与文化。如果说配置到位的资源是组织创造价值的“硬环境”，那么机制与文化就是组织创造价值的“软环境”。要赋予员工创新创造的能力，组织更应该关注的是“软环境”而不是“硬环境”。

因为组织是资源协作场景化的载体，所以组织中“软环境”的打造，本质上是在为组织中的协作场景赋能。

（一）场景赋能关注的是员工之间的角色关系

在传统的科层制企业中，员工之间的关系根据职级和岗位区分，诞生了上下级关系以及平级关系。当这种关系模式确定下来后，员工之间的协作行为同时也会逐渐固化。

因此也有人笑称，企业里就像是一群猴子在爬树，往上看都是屁股，往下看都是笑脸。所以我们看到上级总是在发号施令、推着下级往前走，下级总是在疲于应付、满足上级的要求，而同级之间如果没有非正式关系，是很难在职责范围外去主动帮助其他人。

这些行为很大程度上导致了组织的低效。

然而在创业公司，没有严格的部门划分与权责界定，大家只是为了一个愿景目标而聚集在一起，根据角色分工不同，群策群力，共同在解决问题而得出结果。当没有了身份与职级的约束，沟通变得简单，协作也更加有效。

尤其是当目标、待解决的问题，以及达到目标所带来的成就感等都足够明确时，员工之间的协作便不再关注责任分摊，而是每个人去主动承担责任，以己之长、补他人之短，共同克服创业道路上的重重险阻，以此实现愿景目标。反倒是如果明确了职级与岗位责任，大家的关注点会从目标，转移到自己应该履职的范围。

因为成功的组织从来都不是每个人只干好自己的事，而是相互成就，共同奉献。

之所以在创业公司更容易实现团队成员间的相互成就，是因为创业团队通常采取的是无边界的场景化协作——每个人只是在目标实现过程中充当不同的角色，所以可以做到对事不对人，所以可以坦诚的沟通，所以才有了协作的效率。

在无边界的场景化协作中，每个人是在共同的愿景与目标下，主动连接在一起，所以团队之间更容易塑造出一种包容与开放的协作文化。

例如在 Google X “追踪 100 个震撼世界的创意” 这一宏大愿景的牵引下，大量的精英人才被聚集在一起，共同探索着那些能够影响数百万甚至上亿人生活与工作的项目。这里的员工不是为上级安排的任务而工作，而是为梦想与热情才工作，因此 Google X

鼓励尝试，包容失败。也正是这种包容与鼓励的文化氛围，才造就了 Google X 一个个创意十足的产品。

同样的在阿里巴巴，每到双 11 前，不同部门的人会临时组成各种小组，共同为了双 11 当晚那几分钟就破百亿的交易目标在工作。因为每个小组的成员知道，屏幕上那激动人心的数字背后，有着自己的参与、有着自己的付出。所以不同部门的人聚在一起，承担不同的角色，共同朝着目标在努力。

无论是在谷歌还是阿里巴巴，我们都能看到一种能够从激发员工活力的模式，那就是前有愿景牵引，后有文化助推，员工按照目标分配角色，群策群力，共同创造有价值的成果。

（二）场景赋能要让员工有选择

在传统的科层制企业中，员工要做什么是由上级决定，但是在组织的演化趋势中我们看到，员工要做什么、怎么做是由自己决定，上级只需要界定清楚员工的行为边界并提供支撑。

这样做的目的是最大限度地发挥员工的创造力。这背后的逻辑是组织只是一个为员工提供创造价值，并分享回报的载体，当员工有能力创造更大的价值时，就能够分享更多回报，而组织也在员工创造力的推动下得到发展。

例如在海尔“创客、小微、平台”的组织架构下，平台的作用是界定战略方向，小微是在该战略方向下的创意团队，而创客则是团队中的执行人员。往往海尔一款新产品的开发，首先是由创客提出，再由平台负责审核创意。一旦创意通过便组成小微团队，平台给予团队从资本到供应商的各项资源，团队只需要面向用户交付解决方案并分享价值创造的回报。

同样的在芬兰的游戏公司 Supercell，内部有许多创意团队，但同时组织也会沉淀大量的共享技术资源，如同土壤一样滋养着不同创意团队开花结果。每年内部诞生的游戏创意有几十个，但最终通过测试并投放到市场上的产品只有寥寥数个。这么做的目的是确保产品一经上市就能够取得商业成功。这就给予内部团队很大的激励，因为一款商业上成功的产品，给予团队的回报也是非常乐观。

无论是从海尔还是 Supercell 的例子中我们都能看到，组织赋能的前提是给予员工选择的权利，让员工不再为了责任和指示而工作，而是为了自己认定的价值而工作，为了愿景与目标而工作。

当员工有了选择，团队之间的协作就会从过去依赖指示与控制的物理反应，过渡到依赖协作关系的化学反应，这就是场景赋能所应取得的效果。

（三）场景赋能要让团队聚焦优势

无论是谷歌、阿里巴巴、海尔还是 Supercell，这些公司都在沿着这样一种模式发展：

内部涌现越来越多的、无边界协作的创意小组，组织沉淀了大量的共享资源，再通过各种赋能机制的设计和文化的建设来在组织内营造积极的协作氛围，最终通过创意小组面向用户交付有价值的解决方案。

这种模式背后的逻辑是，让组织内的创意小组聚焦优势，而组织则提供重复性的、模块化的资源。

这就将组织从传统的职能分工中解放出来，组织中的每一个场景化协作的团队，就包含了传统组织中直接面向用户创造价值的各项职能，而组织本身则沉淀那些间接为用户创造价值的各项职能。所以在新型的组织中，职能与责任会分化在不同的团队角色中，从而让团队专注于真正能为用户提供价值的事项上，而不是职能的衔接与流程的配合。

综上所述，场景赋能是一个从组织架构优化、配套机制建设以及文化塑造的系统性工程，而场景赋能的目的则是让员工有选择，让团队聚焦优势，通过无边界的场景化协作来面向用户创造价值。

六、动态管理：场景中的前馈、反馈以及复盘管理

组织是通过赋能式的协作来实现经营目标，但组织中的协作毕竟是要解决现实问题，因为问题没办法被标准化，所以协作的方式各不相同，并且往往在解决一个问题的过程中，又会冒出新的问题。传统管理将组织执行过程中出现的不确定归为例外管理，并认为对下属的授权和对结果的考核是例外管理的核心。然而这样的例外管理却存在两个疏漏：

一是，例外情况可能会重复出现，如果不能及时总结经验，那么例外就永远都只能是例外。实际上，组织正是通过解决了一个又一个的意料之外的问题才得到了发展，但解决问题的经验如若不能够沉淀到组织，形成日后处理类似问题的原则与执行标准，那么组织的发展总会磕磕绊绊，组织内的员工总会疲于应付。

二是，例外管理中的授权某种程度上只是将责任下放，如果不及时跟进就会导致员工因为执行过程的偏差，从而使得结果偏离预期。往往在组织中存在这么一种现象，领导将事情交代下去让下属“看着办”。领导以为自己交代清楚了，下属也觉得自己领会明白了，但迟迟就是拿不出结果或者拿出的方案总是差强人意，仔细询问得知，要么是出现了这样那样的状况，要么是一开始就没有领会清楚领导的意图。

因为组织总会面临各种不确定的现实问题，所以资源协作的过程，就是发现问题、解决问题并总结经验的过程。可以确定的是，在资源协作时做好前馈管理、反馈管理以及复盘管理，即使过程

中有“例外”，结果也不会有太大的“意外”。

（一）前馈管理

组织中员工能力的最大差异不在学历、也不在技能、更不是智商或者情商，而是经验。因为经验能够赋予员工一种面临问题时，快速形成解决思路和解决方法的能力，这种基于经验的能力叫作“预判”。即经历丰富的员工总能在处理问题时根据自己过往的积累，预判执行场景中的各种关键点，提前规避可能风险，并设计高效的执行路径从而产生出令人满意的结果。

这实际上就是前馈管理的核心思想。

1. 前馈管理是对执行路径的预判

组织中第一浪费资源的事情是错误的决策，第二浪费资源的事是因为“只是把任务交代下去”而造成的返工。但是，组织依旧需要分解目标，依旧需要将任何分派到不同的执行小组。这其中的关键是，比起对任务目标的分解，更重要的是预判执行该任务所要涉及的关键点，所需要匹配的资源和权限，以及对结果和产出进行清晰的界定。这便是前馈管理重要的第一步，预判执行路径。

2. 前馈管理是对风险点的预判

我们知道任何任务在执行的过程中都会面临不同的风险。有的风险严重性低，对执行的结果影响小；有的风险严重性高，对执行结果的影响大。而有经验员工的重要作用之一，就是提前预判任务执行中的风险点并设计科学合理的规避措施，这便是前馈管理的第二步。

3. 前馈管理的结果是达成共识

许多任务在执行中出错，是因为任务沟通双方以为彼此达成了共识，其实却并没有，所以执行起来南辕北辙。根据企业管理的5

遍任务交代法，结合前馈管理的内容，想让任务沟通双方在分开时形成完美的共识，可以根据以下 5 步来交代任务：

第一步，交代清楚任务的细项，明晰结果要求；

第二步，要求员工重复；

第三步，和员工讨论执行该任务的目的和意义；

第四步，和员工探讨任务执行中的可能风险点；

第五步，要求员工离开前再次重复任务的关键点和结果要求。

综上所述，前馈管理的三步法分别是路径预判、风险预判和达成共识。从这些内容可以看出，前馈管理对应的，正是资源协作场景中的决策场景。

（二）反馈管理

既然前馈管理对应的是资源协作场景中的决策场景，那么反馈管理所对应的，便是执行场景。

反馈管理一个关键的作用，就是同步决策和执行。其中非常重要的一点是，我们会根据执行情况去反馈、调整决策内容，从而优化产出。要做好反馈管理，良好的沟通技巧，恰当反馈的方式都是必不可少，但在这里我们需要强调的是反馈的原则：

第一，反馈不仅要带着问题，更重要的是带着解决问题的思路。只带着问题，而没有对问题有思考的反馈，某种程度上是一种“依赖”。这种依赖最大的弊端是个人能力很难得到提升，但这种情况在传统的组织架构里却非常普遍。下属工作中遇到问题的第一反应先是向上级汇报，一方面可能下属对出现的问题不愿主动思考；另一方面，只要向上级汇报了，那么即使结果出了问题，也是在上级的授意下执行的，自己不用担全责。

然而随着组织变革，三权（决策权、经营权、分配权）的下放意味着组织的运作方式会从管控走向赋能。但赋能的同时，也意味着员工需要承担更多的责任。

第二，反馈的目的是为了优化执行路径。往往在执行过程中会冒出各种始料未及的问题。有的问题显得好像这个项目就要做不下去；有的问题一出来会让执行者对能否取得结果产生怀疑；但更多的问题都指向了这样一个矛盾：资源太少，要做的事情太多。

然而，越是重要的、有远见的项目，执行起来就越不可能等到各项资源条件到位了再开始，执行的过程本身就是配置资源的过程。因此，反馈的目的不是陈列问题和困难，而是根据执行情况协调、匹配所需资源，进而优化执行路径的过程。

第三，反馈的效果是再次达成共识。反馈管理最理想的效果是，在反馈结束后，任务沟通双方对解决问题有了明确的思路；对执行过程需要哪些资源，以及该如何协调、配置这些资源也有了办法，并且面向结果优化了执行路径。

总之，组织中的资源协作不是从决策到执行的线性关系，而是从决策到执行再到反馈，通过反馈调整决策、优化执行的动态关系。

（三）复盘管理

复盘管理指的是经过决策和执行，产出结果之后对整个过程进行回顾，从而及时总结经验教训、持续提高的过程。

复盘一词来自于围棋，指的是在下完一盘棋之后，要重新摆一遍，重新审视下棋双方的对弈过程，对于下得好的地方和失误的地方都要进行思考和分析。将复盘的技巧应用到工作中，其操作顺序有以下四步：

第一，目标回顾与结果评价。项目结束之后的复盘，先是对目标的回顾。回顾目标当初是如何制定？决策的依据是什么？依据信息的来源又有哪些？要知道企业在发展过程中的经营目标设定通常存在不合理的成分，因此对目标回顾要将重点放在制定目标背后的决策过程和依据。然后，根据当初制定的目标评价所取得的结果，先从定性的角度看是符合预期、超越预期？还是低于预期，之后再给出定量的数据。

第二，场景再现与过程分析。对结果给出评价之后，就对执行过程进行分析。先是重现当时从决策到执行的场景，梳理执行路径是如何规划，资源是如何配置，协作又是如何展开。之后分析过程中有哪些关键点对结果起到了重要的影响，包括那些促进结果产出的关键点以及对结果产生负面影响的关键点，往往正是对那些负面影响要素的分析才是提升资源协作效率的关键。因为组织要发展，效率要提高的关键在于及早发现并解决协作中的问题，为日后的行事提供执行原则和依据。

第三，问题溯源与原因解析。对于项目执行过程中出现的问题，要进行汇总、分类，并对不同类别的问题进行溯源和解析。例如海尔在经营中就利用日清模型对工作进行剖析，先清果，再清因。之后深入探究，清组织运行体系、清战略，直至清价值观。经过这样的溯源解析，将工作中的出现的问题从现象一直分析到价值观，从而系统全面并且有针对性做提升。

第四，经验汇总和应用。项目复盘的最后，要将项目中的经验，无论是成功经验还是失败经验，都要进行汇总和应用。一般来讲，成功经验会成为组织知识管理的内容，而失败的经验在总结改进后，应用于制度的修改或者流程的优化。

因此，经验汇总和应用的目的，一方面是丰富组织的知识管理；另一面是优化组织的运作效率。其中沉淀的组织知识可以被应用于前馈管理，优化的组织运行体系则会助推组织的高速发展。

以上便是复盘管理的四个步骤。结合复盘管理与之前提到的反馈管理以及前馈管理，这三位一体的管理模式正是组织中资源协作不断提升效率的保障。通过不同协作场景中前馈、反馈以及复盘管理的动态重复，组织才能在解决一个又一个问题的过程中朝着目标高效迈进。

第三部分
基于场景管理的组织设计

场景管理六要素的提出，是源于“基于需求规律的供给产生价值”这样一个朴素的商业法则，因为无论商业环境如何变化，价值的创造都是企业可持续发展的基础。要想做到这一点，企业就需要能够洞察用户需求的变化，拥有能将该需求变现的人才、技术等资源，并通过这些资源的协作来产出能够满足用户期望，为自己带来收益的产品/服务。

企业选择满足的用户需求不同，决定了企业进入的行业不同；能够聚合起怎样的资源，是由企业所在产业的发展程度决定的；而如何提高资源协作的效率和效益则一直是企业管理与组织变革的核心命题。

本书这一部分的内容，正是围绕互联时代的组织设计，探究组织如何在不确定的商业环境中实现经营目标，获得可持续发展。

第七章　蜂窝状组织

在组织变革的浪潮中，涌现出了许多不同类型的组织，例如青色组织、阿米巴组织、云组织、三叶草组织、海星型组织等。这些组织形态的来源各不相同，但却都具有以下特征：

- 去边界成为趋势，组织朝着一个开放系统在演化；
- 部门、岗位、职责在弱化，基于任务、结果的协作关系在崛起；
- 组织中自上而下赋能，自下而上管理；
- 从形式上来看，这些组织都具有“中枢+网络”的特征。

这些组织形态的崛起，打破了工业时代机械论中关于“整体等于部分之和”“组织的成长是线性的”“组织中的层级和分工是经营有序的保障”等论断。如今组织运作更强调的是“1+1>2”的协同效应，面对不确定环境的适应性和灵活性，以及组织是在进化中发展的。

从这些新型组织的特征和发展趋势来看，**组织进化的最终形态，将是一个有机的生命体**。

凯文·凯利在《失控》一书中讲述蜂群思维时引用生态学家威廉·惠勒的观点说道：“昆虫群体不仅仅是类似于有机体，它就是一个有机体，就像一个细胞或者一个人，表现为一个一元整体，保持持续的涌现。”这里的涌现指的是蜂群通过协同效应，衍生出一种从量变到质变的运行规则和运行状态。

在凯文·凯利看来，蜂群的运行是一种分布式的、自下而上的管理。蜂群中的蜂后并不发号施令，蜜蜂依靠群体的智慧，自发地沿着一定的规律采蜜、酿蜜、维护蜂巢、繁衍后代。

这种分布式的管理意味着蜂群中的蜜蜂依据角色不同，承担不同的任务，高度自治的同时又与其他蜜蜂形成有效连接，这是蜂群作为一个整体涌现出有序运行状态的基础。

因此，“群体智慧”“分布式管理”，以及“涌现”构成了蜂群思维。而这三点所对应的，同时也是任何一个想要成为“有机生命体”的组织所应具备的能力（见表7-1）。

表7-1 基于蜂群思维延伸出的组织能力

蜂群思维	组织能力
群体智慧	群策群力的全员经营能力
分布式管理	自组织、自驱动、超链接
涌 现	基于资源协同的创新、创造能力

只不过组织能力的建设，是一项系统工程，其重点在于“组织设计”而不是“资源聚合”，资源只有依附于一定的组织运行规则，才能展现出能力与价值。因此，本章的重点，就是以场景六要素为基础，以蜂群思维为支撑，通过蜂窝状组织的设计，为组织朝着“有机生命体”的演进以及这三种组织能力的获取，提供一个立足点。

一、蜂窝状组织的构成、运行逻辑与特征

（一）蜂窝状组织的构成

在《失控》一书中，凯文·凯利提到了类似蜂群这样的分布式群系统所具有的优势和劣势。一个群系统的优势有可适应、可进化、创新性等特点。但同时，群系统的缺点也很明显，例如由于缺乏协调，群系统总会存在资源冗余，协作的效率并非最优；例如由于缺乏统筹，群系统的发展方向不可控、不可预测等。抛开蜂群组织各种优点不提，我们必须承认的一个事实是，蜂群的组织目标清晰而又单一，实现的过程缺乏竞争；但商业世界的组织目标往往复杂而又困难，需要在激烈的竞争环境中实现。因此，蜂群可以通过完全地去中心化形成涌现式的进化，然而商业组织却需要通过协调和统筹，在一定的去中心化程度下，实现有序的

涌现和进化。

也就是说，依托蜂群思维的组织设计，是以蜂群模式为基础，还需要再赋予组织一个协调和统筹的中枢。

这个协调和统筹的中枢，就是平台。

因此，生化蜂窝状组织由两部分主体构成：起协调和统筹作用的平台和以蜂群模式运作的团队。平台与团队的协同，形成了业务前端自组织、业务后端引导与赋能的高效率组织关系（见图7－2）。

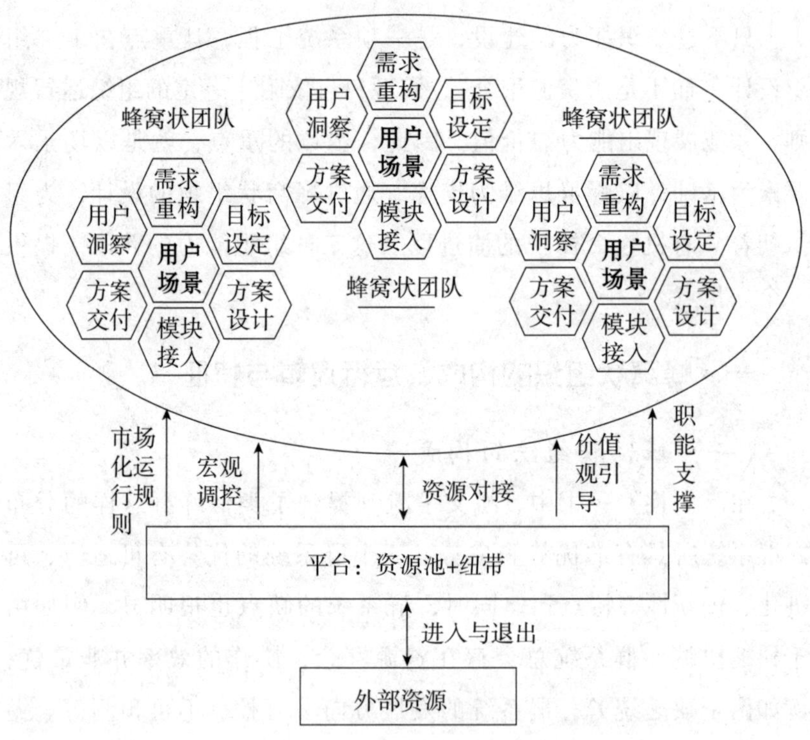

图7－2　蜂窝状组织示意图

如图7－2所示，面向用户场景的业务前端由一个个蜂窝状团队构成。用户场景不同，蜂窝状团队的运作模式就不同，例如对一个电商平台来讲，团队的构建就可以围绕搜索场景、浏览场景、交易场景等用户场景展开。虽然每个蜂窝状团队负责的事项不同，但他们核心的职能都是通过在该场景下深入的用户洞察、理解用户需求，以此确定交付目标，然后在后端平台的功能模块（技术研发、生产制造等）支撑下，设计并交付解决方案。

业务前端的蜂窝状团队的协作是无边界的，因为共同面对用户需求，所以在明确的目标引领下，蜂窝状团队可以柔性、灵活地组合，通过自驱动的方式群策群力，完成解决方案的交付。

在蜂窝状组织中，平台同样也是为业务前端的团队赋能并协调、引导其完成既定目标。作为业务后端的平台，它的核心功能是支撑组织的“价值交付”。为了实现这一目标，平台需要充当两种功能角色：①资源池；②组带。

在这两种功能角色的驱动下，平台对业务前端可以实现宏观调控与微观支撑相结合的赋能手段，即平台可以为蜂窝状团队的行动“定方向”，并在团队的执行过程中给予其所需。

1. 资源池

平台作为资源池时，它对前端业务的支撑包括适配人才到相应的业务团队，提供组织知识的支撑，以及为业务对接组织内外部共享模块等。当内外部资源汇聚于平台，作为协调中枢，平台就能够通过对内外部资源的连接与适配，**赋予组织网络化协同效应。**

资源池的内部共享模块不直接与用户发生交互，而是服务于前端的方案交付，例如人力资源、财务、IT 服务等。以华为为例，通过将辅助性的、事务性的工作集中到例如人力资源共享服务中心、财务共享服务中心、全球技术支持中心以及供应链中心等，为组织提供高效的专业化服务。

当然，面向未来的人力资源管理，其真正的价值不在于事务性工作，而是对复合型人才的适配与对组织的知识管理。一方面HR要将合适的人才配置到组织中适合的位置上；另一方面HR通过对组织知识管理来赋能人才的创造性发挥。相信借由信息化技术的发展，未来的HR将开启人才与组织知识的“云管理”时代。

同样的，财务管理的真正价值也不在于辅助性的工作，而是要深入业务，成为指导企业经营的晴雨表。例如阿米巴经营模式真正的核心不是形式上化小经营单元，而是化小经营单元后的核算，以及由此带来的管理会计的变革所导致的经营效率的提升。

总之，无论人力资源、财务管理等职能在未来朝着哪个方向变革，这些内部共享模块提升其价值的唯一途径都是通过更高效地服务于业务前端来提升组织的整体效率。

如果说内部共享模块的核心价值是“提升经营效率”，那么平台所对接的外部资源则更偏重于“齐创共享”。以海尔的一款家用投影仪为例，它的研发资源来自于美国硅谷，核心零部件由德州仪器提供，生产却是在武汉光谷。海尔正是通过业务前端的用户交互，发现用户需求并设计解决方案，再通过整合全球资源，以职能并联的方式共同为用户创造价值并获得回报。

在对接外部资源为组织所用时，一个核心的工作是进入与退出机制的设计。传统的做法往往是“重进入”“轻退出”，认为只要把控好前端，那么进入企业的外部资源就是优质的。但这种做法却忽略了一个基本事实，那就是企业之所以引入外部资源，不是为了“进入”，而是为了“产出”。即企业整合外部资源的目的是创造更好的、更能够被用户接纳的产品。

在经营实践中，海尔发现自己有数千家供应商要管理，一来审核、审查、监督的成本过高，二来这么多家企业，难免有造假寻租的现象发生，因此在管理的过程中也是纠纷不断。于是后来海尔引入用户评价机制，让供应商直接上网，如果最终产品用户反馈好，那么供应商就能获得更多回报；如果产品有问题，那么供应商便要参与维修。也就是说，入网的供应商会与海尔的内部职能并联起来，共同接受用户的评价，用户的评价与反馈会直接与他们的报酬挂钩，并影响着他们的存续。

因此在“职能并联、用户付薪”的逻辑下，海尔对供应商的管理用一句话概括就是“如果没有用户认可的产出，那就只能退出”。

2. 纽带

平台作为纽带时，它对前端业务的支撑包括提供战略方向和协调组织发展。之所以将平台的这一功能角色比作纽带，是因为在组织去边界、生化发展的趋势下，组织内部的运作需要被拧成一股绳，而不是一盘散沙。能够贯穿整个组织，实现这一功能目标的纽带有两个：战略和文化。

战略让“未来”清晰，通过使命与愿景，凝聚团队，并形成吸引人才的“赛道效应”。

为什么毕业生喜欢去 BAT 或者小米、华为这样的公司，是因为这些公司“大”么？如果是的话，那怎么解释蔡崇信放弃 70 万美元年薪到阿里巴巴只拿500 元每月的工资？又怎么解释华中理工大的天才少年李一男在 1992 年加入名不见经传的华为？

因为加入这些公司，就意味着踏入了一个高速发展的赛道。公司的愿景与目标让这些人相信，将自己人生中的若干年奉献到一个科技与商业结合的前沿企业，奉献到一个能够实现自我、发挥价值的组织中，即使几年后离开，自己也一定收获丰富。

与此相反的是，许多企业并没有清晰的赛道，甚至未来要走哪条路都不确定，完全是沉溺在当下的机会主义当中，仅仅做着有利可图的事情。

企业层面如此，招来的员工也一定是只盯着当月的工资，并没有长期的发展目标，更不用谈去创造价值，实现自我。

所以由战略带来的愿景与目标不仅让组织通过聚焦未来，从而明确当下哪些是“正确的事”，更是通过让员工聚焦自身的发展，从而明确如何在当下“正确的做事”。

没有任何一个组织拥有无限的资源，所以企业的成功如果有捷径的话，一定是因为“聚焦”。在被问到为什么华为能够取得如今的成就时，任正非回答道：是因为华为“傻”。正是因为华为的“傻”，才能够做到20余年如一日地聚焦在通信领域，持续不断地投入研发，以此来塑造核心竞争力。

其实在华为的发展过程中冒出过许多机会，如果华为将资金投入房地产，那么获得的回报将是数倍，然而投入研发，却只有不到50%的成功率。但就是这不到50%的成功率，塑造了华为这一成立不到30年的通信企业成功登顶行业第一。

这就是聚焦的能量。

在蜂窝状组织中，业务前端的团队要直接面向用户需求创新与创造，然而用户的需求千人千面，如果不计代价的满足，遍地开花式的创新只会造成资源的分流，影响组织的发展。

虽然每一个组织都需要创新，但创新的边界，一定是组织的战略方向。

因此对用户需求的重构，同时也是将用户需求内嵌、聚焦到组织战略方向的过程，使得用户需求的满足是为了战略的实现而服务。

战略的实现过程就是组织的执行过程，组织的执行力来自于员工的高绩效行为。在任何一个组织中，员工的行为都是前有目标牵引，后有文化助推。因为文化可以通过塑造组织氛围、建立组织共识来推动团队的协作以及个人的奉献。

文化的核心是价值观的塑造，价值观能够引导员工面对具体问题“有所为，有所不为”。尤其是当组织变得更加开放，员工可以不为组织所有，但为组织所用时，在这样的环境下，组织的价值观用来凝聚人心的作用将愈发突出。

同样是华为的例子。2011 年日本福岛第一核电站发生泄漏事故后，通信遭到中断，但不少外资企业却纷纷离场。在这种情况下，时任华为董事长的孙亚芳亲自赶赴日本，激励奔赴一线的华为员工道：“正是在这种时候，才更应该思考到底能为顾客做些什么。”

同时在国内，那些奔赴一线的员工家属因为担心他们的安全，纷纷要求公司从前线将这些员工撤回，为此任正非专门召开了家属见面会。会上任正非首先明确前线的员工不会撤回，但表示他理解家属们的担忧。同时任正非强调公司的核心价值观是以客户为中心，如今福岛核泄漏，政府要参与救援、要保障当地人民的生命财产安全，通信就不能出故障，所以越是这种情况，华为一线员工的工作意义就越发重要。

同一时间，不同地方，两位华为的高管同时都强调“以客户为中心”的核心价值观。华为那些奔赴前线的员工也正是在该价值观的驱动下，参与福岛核电站周围通信设备的抢修与搭建，间接助力政府的救援行为，最终为华为赢得了国际影响力。这一切的背后，是文化的力量。

因此，战略确定方向，而文化保障执行。

在任何一个组中，战略和文化要想落地生根、运行通畅，靠的则是机制。

战略管理大师迈克尔波特说过战略是一种选择。因此由战略衍生出的第一个机制就是组织的决策机制，此外还有计划目标分解机制、执行保障机制、战略导向的人才管理机制等。而从文化的维度，则可以衍生出价值观体系、文化落地机制等。所以说，当平台承担纽带这一功能角色时，它需要输出组织的战略与文化，但将战略与文化推向业务前端的手段，靠的是各项机制的设计。

综上所述，在蜂窝状组织中，业务前端的团队面向用户，通过与用户的交互、设计并交付解决方案来管理“用户期望”，业务后端的平台面向前端的团队，通过资源与机制的输出支持团队的“价值交付”。

（二）蜂窝状组织的运行与成长逻辑

企业的经营有一个绕不过去的规律，即任何的业务从诞生的那一天起，就注定走向消亡。丰田最早是做缝纫机的，西门子的前身靠制作电报机起家，索尼靠收音机赚到第一桶金。缝纫机、电报机、收音机这些当年算得上“高科技”的产品，今天却早已失去了应用场景。

当应用场景消失，企业所经营的业务也走到了尽头。

可是，在今天的商业环境中，西门子在通信领域、丰田在汽车领域、索尼在电子消费品领域依旧蓬勃发展，创造着各自的价值。所以即使业务消亡，组织依然能够延续。从这个角度看，组织的存在有两项核心功能：①服务于当下的场景；②在当前业务消亡之前服务于新的场景。所以，组织的存在立足于用户场景，为经营服务，组织的设计从来都不是为了更有效地管理，而是为了更有效地实现经营目标。对于任何一个企业来说，都是先有经营目标，再有支撑经营目标实现的组织，最后才有管理的不断优化。

既然组织为经营目标存在，那么经营又从何而来？

企业经营的起点是商业模式的设计。商业模式解决了企业经营的两个核心问题，即“企业如何创造价值”和“企业如何获取回报”。对任何一个企业来讲，经营都是通过资源要素的转化，面向用户提供有价值的解决方案（产品/服务），再通过交易模式的设计获取回报的过程。而组织则是企业“价值创造”和“获得回报”的主体。

因此，**组织的运行逻辑，本质上就是企业的经营逻辑**（见图7-3）。

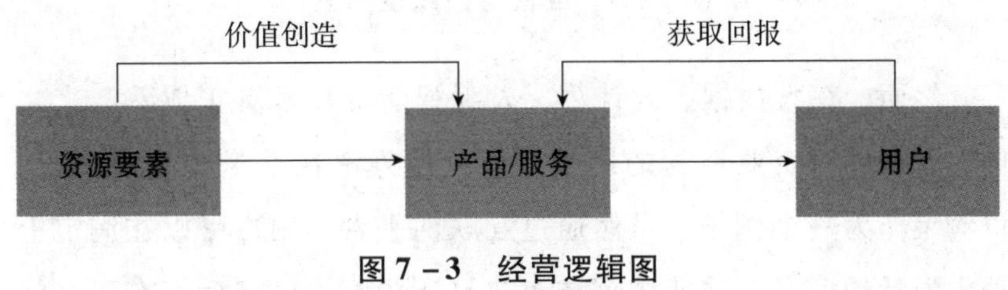

图7-3　经营逻辑图

过去10余年互联网技术的发展，有效地缩短甚至可以说消除了从产品到用户的距离，赋予了用户更多的选择权。对于典型的互联网企业来讲，“流量”“转化率”“客单价”等与用户关联密切的指标，成了经营所围绕的重点。随之而来的，这些企业率先打破传统的“科层制”，将组织变得扁平化，其目的是更高效地响应用户需求。

在这一阶段由互联网技术所带来的组织变革中，出现了需要与用户发生交互的职能部门被前置的情况，例如研发部门开始走向前台，以期对用户的需求做到“端对端”的响应；也出了以往传统组织中不曾出现过的职能部门，例如Facebook、Uber等企业所设立的“用户增长”部门，在这些企业的高速发展过程中，这些部门无不曾立下了汗马功劳。所以，如果用一句话概括过去10余年互联网技术对组织变革的影响，那便是互联网为企业的经营者树立了以“用户需求响应”为核心的组织设计理念（见图7-4）。

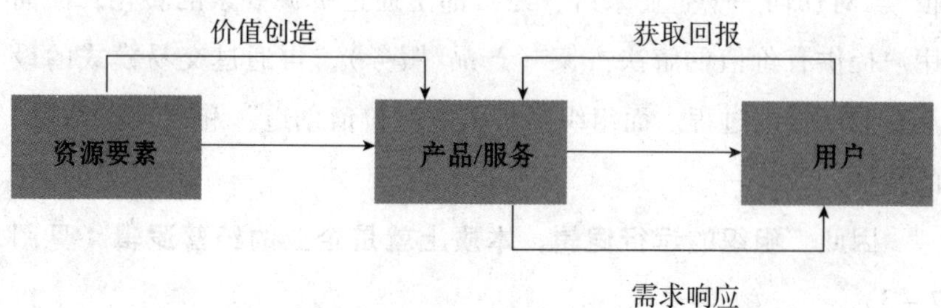

图7-4　经营与组织逻辑图

然而，在大数据、云计算、人工智能等技术真正成熟起来之前，互联网对企业经营的影响，还只是停留在“量变”的阶段。以淘宝作为一个例子，虽然通过互联网平台，用户可以在淘宝上搜索海量的商品，并从中挑选了自己所中意的。然而，有两个问题目前的淘宝还不能够有效地解决：

（1）淘宝只能保证平台所提供产品的“数量”，无法保证所提供产品的“价值”真正为用户所需。因为本质上淘宝只是为已经成型的产品做了一个展示和交易的平台，所以我们看到除了淘宝之外，那些能够影响到资源要素层面的垂直电商，通过深挖产品的功能价值与体验价值，一样在市场上做得挺好。

（2）虽然淘宝已经沉淀了大量的用户数据，但这些数据对用户需求的挖掘、对用户从需求到产品的匹配，以及对用户选择过程中时间成本的降低还依旧停留在表面。因此，未来的淘宝可能有两个发展方向：一个是更加智能化的搜索助手；另一个则是通过阿里巴巴的生态沉淀更多的、不同场景的用户数据。

所以淘宝想要完成从“量变”到“质变”的蜕变，就需要积极地拥抱技术。更准确地说，淘宝未来的发展需要的是基于数据智能的网络化协同。这也是为什么马云多次在公开场合表示阿里巴巴是一家数据公司。

而阿里巴巴公司的发展将不会是特例，而是典型。

因为未来将是万物互联的时代，企业要么+互联网，要么被互联网+。基于数据智能的网络化协同会成为所有企业的经营方式，无论是制造业、服务业还是农业，社会资源将通过数据智能更加有效地配置，通过网络化协同更加有效地创造价值（见图7－5）。

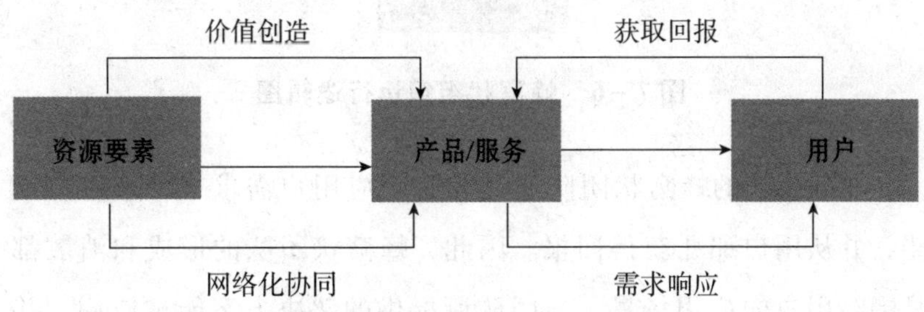

图7－5　经营与组织逻辑图

至此可以清楚地看到，在万物互联的时代，组织将如何有效地服务于经营中的价值创造。

而让组织服务在经营中创造价值正是蜂窝状组织的设计初衷。一方面，蜂窝状组织明确指出了业务前端的蜂窝状团队可以通过灵活的自组织，快速有效地响应用户需求，创造用户价值；另一方面，蜂窝状组织中业务后端的平台则通过资源的聚合为组织网络化协同创造条件，并且发挥资源池与纽带的作用来支撑业务前端的价值创造。这便是蜂窝状组织服务于经营的运行逻辑（见图7－6）。

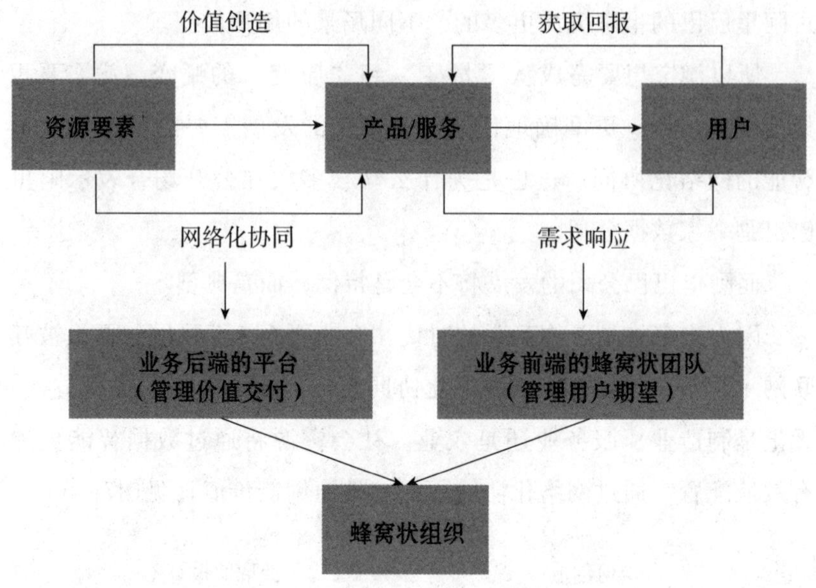

图 7－6　蜂窝状组织运行逻辑图

业务前端的蜂窝状团队通过及时响应用户需求来管理用户期望，并从用户那儿获得回报。因此，蜂窝状团队的形成和消散都是围绕用户的应用场景。当团队所提供的解决方案能被应用，并可以为用户带去价值时，这个团队就有存在的意义，反之就会被淘汰，从而促使整个蜂窝状组织的进化。

而无论团队的形成与消散，业务后端的平台都会存在，通过资源的沉淀与机制的完善，为前端的团队交付解决方案来提供支撑，即所谓“铁打的营盘，流水的兵”。内外部资源在平台上的沉淀赋予了组织网络化协同的能力，机制的不断完善又保障了各种资源能够有效协同，从而推动组织不断创造价值，实现可持续发展。

尤其是当外部环境变得复杂且不确定，网络化协同发展就成为了一种有效的抵御风险的手段。因为相对于传统组织的线性发展，网络化协同依靠可进化的生态思维，赋予了组织指数化成长的可能。

如果小米公司只是将自己定义为一家手机公司，那我们便看不到如今小米生态链的蓬勃发展。生产更多的手机并卖给更多的用户，这是一种线性的思维，而以手机为中枢，服务于对智能产品有需求的用户，则是一种生态思维。

因为手机某一天可能消失，但用户对智能产品的需求却会延续。

不过，虽然推动其运行之一的内核是“去边界的网络化协同”，但是蜂窝状组织的发展却不是野蛮生长，而是在一定边界之内的自由协同。

该边界之一是经营边界，指出蜂窝状组织的存在与成长要本着盈利性原则；该边界之二是管理边界，指出蜂窝状组织的存在与成长要本着为用户提供差异化价值的原则（见图7－7）。

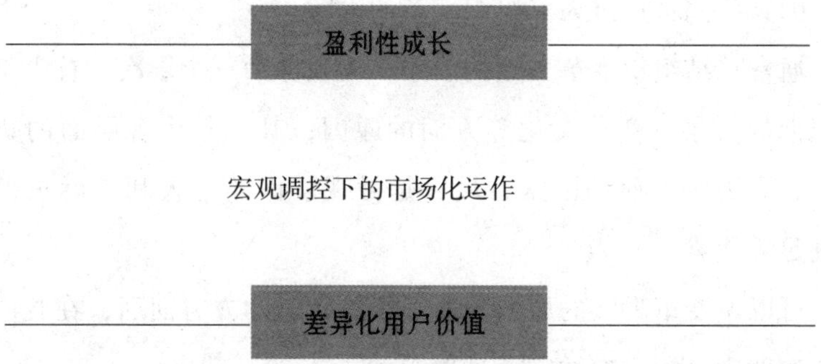

盈利性成长

宏观调控下的市场化运作

差异化用户价值

图7－7　蜂窝状组织的存在与成长逻辑

蜂窝状组织的存在与成长本质上是一种宏观调控下的市场化运作行为。宏观调控指的是平台通过资源池为业务前端赋能，通过机制的输出协调与统筹业务前端的运行。市场化运作便是业务前端的团队根据“用户价值的创造”而聚合、根据“应用场景的消失”而解散，但团队在价值创造过程中所积累的组织知识、数据等资源却要能够被沉淀到平台，通过知识的流转和数据的共享来为组织以后的经营提供支持。

其实不光是蜂窝状组织，任何组织的成长都需要经受住这两道问题的考验：

（1）组织的存在是否提供了差异化的用户价值？

（2）组织的成长是否具有盈利潜力和盈利动力？

因为所有企业的经营困或归根结底都源自两件事：一是企业为了盈利而忽视了用户价值；二是企业深陷为用户创造价值的完美主义而忽视了盈利。

（三）蜂窝状组织的三大特征

蜂窝状组织的设计，对很多企业来讲都会是一场不小的组织变革。组织的变革是为了企业能够更好地适应环境、顺应发展。然而大多数经营者对组织变革持有的态度不是期待，而是忧虑。

因为我们见证过太多组织变革的失败。

通常总结组织变革失败的因素，大致分为三个层次。首先是宏观层面的愿景、变革文化等方面的原因；其次是中观层面的执行力、领导力等方面的因素；最后是微观层面的个人利益诉求得不到满足等因素。

可以说变革失败的原因涵盖了组织管理的方方面面，在我们的咨询实践中，通常有这样一种感受：

如果说低效的组织有一点好处的话，那么这唯一的一点好处就是组织的低效实际上掩盖了诸多企业经营管理方面的问题，如果组织保持现状，那么这些问题则不会浮现，当组织寻求改变，这些问题会集中爆发。

变革初期的组织可以说十分脆弱，加上这些集中爆发的问题，企业一下子要承担非常高昂的管理成本。当企业所承担的管理成本远高于现阶段组织变革所带来的效益时，许多组织就被打回原形，继续过着抱残守缺、表面祥和的日子。

因此，大多数组织变革失败的直接原因是不够坚持。

毕竟没有任何一种组织变革会一步到位、一劳永逸，任何组织经营管理方面的提升都是“日拱一卒”式的优化。但正是这种持续的优化，才保证了组织的存续与发展。

当火枪刚被发明时，它的杀伤力和精准度是比不上弓箭的；当汽车刚被发明的时候是跑不过马车的。但比起弓箭和马车，火枪和汽车都有更大的升级空间，于是当火枪的杀伤力和精准度上来之后、当汽车的速度快过马车时，再回头看，战场上早已没有了弓箭的影子，马路上跑的也不再是马车。

因循守旧还是拥抱变化，选择起来很容易，但做下来并坚持住，很难。

蜂窝状组织的提出，就像是刚被发明出的火枪和汽车一样，延续的不是过去的逻辑，而是新的思维方式，因为蜂窝状组织依据的是场景管理这一套新的理论体系，探究的是互联时代组织的存在形式。和传统的组织形式比较起来，蜂窝状组织具有以下几个特点：

1. 从崇尚规模到重视连接

企业规模的扩大有诸多好处，例如经营成本的降低、企业影响力的扩大、企业风险抵御能力的增强等。这个逻辑没有错，但需要指出的一点是，规模的增长只是实现这些能力的手段，而不是目的。

在传统的组织视角下，资源只有为企业所有，才能为企业所用。但互联网的到来与发展，使得资源可以不为企业所有，但为企业所用。

如同蜂窝状组织平台上所汇聚的资源，可以不为企业所有，这些资源聚合到一起，只是在共同创造用户价值并分享回报。按照海尔首席执行官张瑞敏的话说："世界就是我的人力资源部。"

这句话的背后，就是连接的能量。组织通过对内外部资源的连接，形成网络化协同效应。在组织的边界打开后，通过共同目标的牵引、价值观的认同以及运行机制的保障，使不同资源聚合在一起，为了用户价值而齐创共享

互联网的本质就是连接。在企业拥抱互联网的趋势下，通过连接，组织将用户、人才、资本、供应商等资源构成了一个共同体，从用户出发挖掘价值所在，通过资源的网络化协作创造价值，最后再向用户交付有价值的解决方案并获取回报。

这就是互联时代企业的价值网。根据梅特卡夫定律，网络的价值等于节点的平方，所以未来的企业能够在自己的价值网上纳入更多的用户、更多的资源，就会拥有更大的生态势能和更强的风险抵御能力。

要么织网，要么入网，未来的企业没有第三种选择。

2. 从计划到进化

计划对组织发展的重要性毋庸置疑，是传统组织的核心管理手段，但过度计划却会让组织变得迟钝。

因为企业经营计划的制订，往往受到企业所在价值网的约束。当年 IBM 并不想将小型机的机会让给苹果，可是 IBM 所面对的用户只需要大型机；当年柯达并不是不理睬数码技术，而是胶卷业务能为它带来近 60% 的毛利。尤其对于上市公司来讲，经营计划的制订与实现程度会直接与企业在证券市场的表现挂钩，所以虽然新业务来势汹汹，在传统的组织观念下，企业也很难分散出足

够的资源来培育新业务。

在蜂窝状组织中，比计划更重要的，是自下而上的进化。用凯文·凯利在《失控》一书中指出的概念，组织的进化靠的是群氓的集体智慧。

以海尔内部孵化的创业公司雷神笔记本为例，该款产品一经推出，便迅速成为游戏笔记本行业的爆款，但该项目团队的核心成员只有3人。他们做的最主要的一件事，就是用户交互。通过在不同渠道与用户的交互，发现用户在游戏本使用场景中的诸多问题和痛点，并设计相应的解决方案。海尔则负责帮助他们对接各类资源，完成游戏本的交付。如今雷神笔记本的团队从海尔剥离出来，单独成立公司，海尔只占有一部分股份，享受着资本回报的收益。

雷神笔记本的成功，有两个非常重要的因素：首先，是业务前端深入用户场景的交互带来的对用户需求的精准理解。其次，是业务后端丰富、高效的资源支持，保障了解决方案的完美交付。

虽然雷神笔记本是海尔一个内部创意孵化非常成功的例子，但这种创新与创造并没有以海尔的战略方向为边界，所以如果雷神笔记本的成功还有缺点的话，那就是不够聚焦。这也是为什么雷神小微如今从海尔剥离出来，独立经营。

但从雷神笔记的例子中我们能感受到一种趋势，那就是未来的企业可以通过自下而上的进化，衍生出能够创造用户价值的产品。组织通过较小的人力投入和强大的后台支撑，让业务前端更接近用户的团队去试错，在试错中发现真正的用户价值，围绕用户价值的实现，小的蜂窝团队聚合成大的蜂窝团队，最后形成独立的企业。可一旦在试错中没有实现用户价值，那么该蜂窝团队就会消散。

这就是互联时代，企业生态网络中“适者生存”的逻辑。

面对未来商业环境的不确定，企业成功的方式不是科学周密的计划，而是试错。因为即使未来可以预测，经营者也没有足够的信心按照预测行事，可是只要方向大致正确，通过试错中的进化，企业就能拥有更强的生存能力。

模糊的正确好过精确的错误，当外部环境越是复杂，这个道理就越站得住脚。

3. 从管控到赋能

在为企业做咨询服务时遇到过一家多元化经营的集团公司，在这家公司的管理纲要上，赫然印着如“紧盯”“硬逼”等字眼。当时的第一反应是，如果对员工的工作要“紧盯”，那么要怎么“盯”？什么程度才能算得上“紧”？如果对员工的管理要“硬逼”，那么如何“逼”员工才能有满意的结果？

除了“紧盯”“硬逼”这两个词读起来铿锵有力，我想不出任何理由要把它们写在管理纲要上，但从这个举动上我们能看得出这家公司的经营者有着根深蒂固的“管控思维”。

实际上，管控是个非常本土化的管理概念，它在一定程度上保障了企业经营活动的有序开展，规避了企业的经营风险。然而“管控”一旦走偏，变得复杂，它就会成为管理人员“权力情结”的摇篮，使组织一步步走向迟钝、低效。

尤其是在今天的商业环境中，尤其是面对知识型员工，“结果”不是“管”出来的，而是员工创造性的发挥。所以今天我们强调管理人员要有“权力下放”的意识和行动，强调机制的设计要让员工间的协作更加灵活，强调文化要塑造出一个更加包容和开放的组织。

这些意识转变的背后，道出了赋能的基本逻辑。所谓的赋能，就是赋予他人解决问题，实现目标/目的的能力。体现在组织管理中，就是既然让员工背负上了解决问题，产出结果的责任，那就赋予员工实现该目标的权力和资源，让员工在目标实现的过程中能够更加灵活自由的协作，同时组织对于过程中的失败也能够包容，鼓励员工在试错中成长。

如果将赋能的概念再拓展一下我们会发现，组织的产品和服务对于外部的用户，也是一种赋能的体现：即通过对某一产品/服务，用户获得了在某一具体场景下解决现实问题，获得理想状态的能力。

面向用户，我们都在强调企业要具有用户思维，实际上，对员工的管理，也应该具有“用户思维”。

如果将“用户思维”映射到员工的管理上，对于管理者来说，“员工”就是“用户”，各项管理机制的设计就是面向用户的产品设计。对员工的管理，就需要以员工的需求和感受为出发点，通过资源与机制的赋能来帮助员工在协作场景中解决问题，并完成既定的责任与目标。

面向未来，企业要有变化，不妨先试着从“用户思维”出发的员工管理开始。

综上所述，互联时代的企业不再强调“规模”“计划”与“管控”，而是“连接”“进化”与“赋能”。组织通过连接获得网络化协同效应，将用户、人才、资本等资源要素打造成一个价值共同体，这个价值共同体在试错中不断进化与发展，对外向用户赋能，对内向员工赋能，从而更有效的实现组织目标。

二、蜂窝状组织的两个核心机制

如果说组织的运行逻辑就是企业的经营逻辑，那么对于任何组织来说，核心的机制设计都要包含两个部分：①组织如何创造价值；②组织如何分享回报。

（一）价值创造机制：打造三级价值创造体系

对于蜂窝状组织来说，它创造价值的方式较为直观，即平台通过资源与机制的输出向业务前端的蜂窝状团队赋能，蜂窝状团队面向用户交付解决方案，而团队中具体的执行则依靠组织中的U盘化人才。因此，平台、蜂窝状团队、U盘化人才构成了蜂窝状组织的三级价值创造体系。

平台：资源沉淀+数据智能驱动

我们在前文描述过平台是由资源池和纽带构成，而平台要在企业的经营过程中发挥作用，就需要做对以下两件事：

1. 将过程能力沉淀为组织资源

如果把组织比作一个人。当我们评价一个人是否具备某种能力时，看的是他能够做成什么事情，而这个人之所以能做成某件事，靠的是他所拥有的资源，无论是他掌握的知识、技能，还是人脉关系。

同样的，评价一个组织是否具有某项能力，看的也是这个组织能够做成什么事情，而组织之所以能够做成某件事，靠的是组织所拥有的资源，无论是组织知识、员工，还是组织的外部关系。

例如当我们评价一个组织有快速灵活的市场响应力，那是因为该组织能够较竞争对手更快速的向目标用户交付有价值的解决方案。而组织之所以能够快速、有效的交付该方案，依靠的是组织中优秀的研发人员、完善的流程和保障机制以及强大的供应链等资源要素。

因此在一个组织中，能力与资源是相辅相成的阴阳两面，能力是外显的阳面，资源是内在的阴面（见图7－8）。

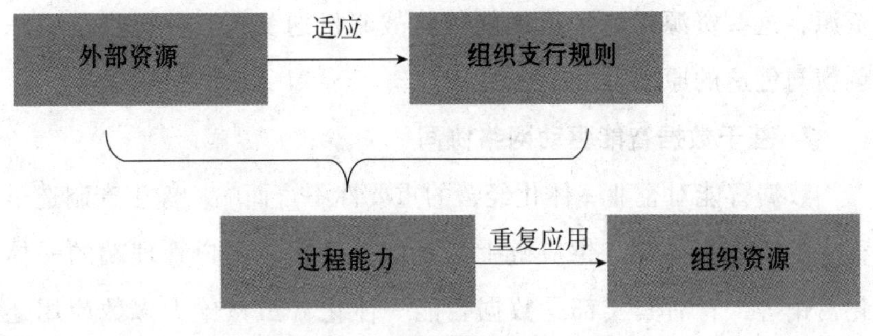

图 7－8　资源与能力关系图

举一个简单的例子。人才最初是作为外部资源进入一个组织，只有当这个人能够适应组织的运行规则并且能够产出结果时，我们才能说这个人可以为组织贡献他的能力。而当这个人的产出能够持续的为组织所用，那么这个人才，才是组织的资源。

也就是说，只有当能力的载体能够重复被组织所用，这个载体才能算作是组织的资源。

假如，某个人只是参与了组织的某个项目，之后与组织再无交集，那么他对于组织来说，只能算得上过程能力。但是，如果他在项目过程所贡献的知识能够被组织应用到其他项目，那么这个知识，就是组织的资源。

对于一个组织来说，短期的发展靠的是过程能力，而长期的存续，靠的是组织资源。

这就是为什么原步步高团队在创造 VIVO 和 OPPO 这两个手机品牌后能够快速地打开市场，因为 VIVO 和 OPPO 的背后，有着步步高多年积累的供应商资源、经销商网络以及优秀的管理团队等。

同样的，华为在进入手机市场后一路高奏凯歌，依靠的，也是背后强大的研发资源和高效的管理机制等。

因此，组织的可持续发展很大程度上依靠的，正是在经营活动中不断积累并沉淀下来的协作网络、运营机制与管理模式等组织资源，这些资源保障了组织能够将战略机遇变现，并提供了组织创新与创造的原动力。

2. 基于数据智能驱动网络协同

数据智能对企业一体化经营的重要性不言而喻。像生产制造过程中的研产一体化、供应链上的仓配一体化、用户管理端的一体化营销等，背后其实都是数据智能一体化（虽然绝大多数应用还不够智能，但这是趋势）。

在广东有一家农业养殖企业，叫作温氏集团，出身传统行业的这家企业，却在中枢 + 网络的生态型组织的探究上走在了前列。早在 2009 年，集团就提出了“权力下放、数据上移”的发展战略。基于数据化管理，温氏可以同时管理数千家零散的养殖户，并且保证品控。温氏具体的做法是这样的：

首先，在筛选过养殖户资质并签署合同后，温氏会提供给这些养殖户种猪或者种鸡，由他们自行饲养。其次，通过数据一体化管理，温氏会指导这些养殖户每天需要给猪喂多少饲料、如何搭配营养、如何管理猪舍、如何保证通风和光照等方方面面的科学养殖法。而在后台，温氏也能知道目前一共养殖的猪有多少，猪的健康状况怎样等数据。最后，温氏还能通过平台沉淀的养殖经验，帮助养殖户打造生化养殖场，做到养殖场内部的有机循环和多元化饲养。

因此，通过数据一体化管理，温氏将这几千家零散的养殖户聚合成网，形成了强大的协同生产能力。

同样的利用数据一体化管理，京东从 2007 年开始，先后建立起了运营分析系统、销售预测系统、自动补货系统和面向物流体系的青龙系统。依靠这套系统，管理者可以通过移动端的手机、ipad 了解到所有京东的运营数据，哪个环节若是出了问题，都能立刻了解到。

所以说，对企业的管理，靠的不是“紧盯”员工，而是“紧盯”数据。

尤其是对于蜂窝状组织这种开放式协同的组织来说，价值的创造会接入大量的外部资源，除了机制的赋能让这些“外部资源”能够产生“过程能力”之外，就需要靠数据一体化管理来保障内外部资源的协作效率。

未来企业所有的资源（用户资源、员工资源、组织知识等）都可以被信息化，所以对企业来说，最宝贵的资源将会有且仅有一个，那就是数据。

蜂窝状团队：基于场景创造价值

我们在前文提到过，蜂窝状团队是面向用户场景、挖掘用户需求，再向用户提供有价值的解决方案，具体来讲，蜂窝状团队基于场景创造价值的方式有如下两种：

1. 产品内嵌到场景，创造体验价值

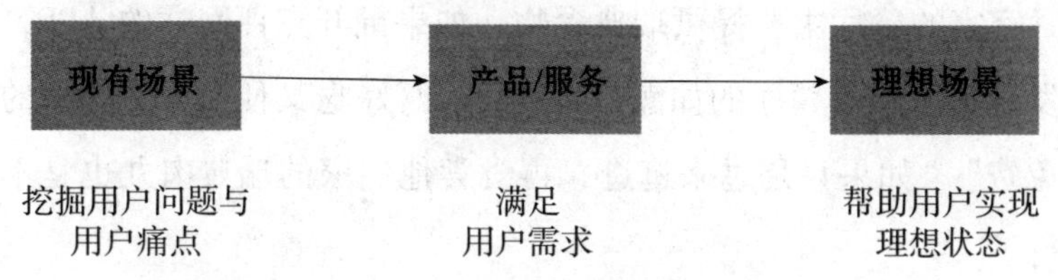

图 7－9　产品与场景逻辑关系图

图 7－9 想要表达的一个逻辑是，产品/服务的创造、用户需求的满足其实是一个从“场景”到“场景”的过程。如今我们向用户提供产品，已经不单单是通过功能的设计来满足用户需求，而是要在功能的基础之上，设计产品的体验价值。想要设计产品的体验价值，就需要将产品放到具体的应用场景中，去设计产品的体验路径。

如果说宜家是为用户提供设计简约的低价家居产品，那么宜家完全可以租一块场地，陈列好各种家具，等着用户过来挑就可以了。但宜家并没有这么做，与其说宜家是向用户提供家具产品，不如说宜家是为需要购买家居产品的用户提供了一个体验场景，并在这个场景中设计了一个令人满意的体验路径。

第一，宜家的内部没有分区，用户走进宜家后不需要决定先去哪儿、再去哪儿，宜家设计的购物路径就一条，用户只要往前走，就能看到不同类型的家具、不同主题的家居设计，并且可以直接体验。

无须让用户过多思考，跟随简单的指引就能发现产品的亮点和特色，这是典型的互联网产品设计思维。

第二，宜家知道用户通常要花费大量时间挑选家具，一路下来肯定十分疲惫，因此购物路径的尽头，就是著名的宜家餐厅。宜家的餐厅经营理念，不是给逛累了的用户提供一个能够歇脚、再顺道吃个便饭的地方，而是把性价比做到了极致。

宜家的餐厅主要提供瑞典食物，如果翻开点评网站的APP，不难发现关于宜家餐厅的如潮好评："东西好吃又便宜""这里的咖啡免费""如果只是过来逛逛，再尝尝他们家的瑞典肉丸也是不虚此行。"

当产品的体验做得足够好，那么该款产品就自然有了传播价值。于是我们发现，仅在2016年，宜家餐厅就有18亿美元的营业收入。因此也有人说："到底是逛了宜家才去的宜家餐厅？还是因为宜家餐厅的存在，才逛的宜家？"

其实这不重要，重要的是，宜家靠着这套组合拳，赚足了影响力。

第三，在宜家的出口有时会有免费的冰淇淋拿。作为冰淇淋本身来讲，价值并不高，但在购物的结束时吃上一个，无不为这次的行程，画上一个完美的句号。所以当我们回头再看宜家，就会发现它不是在卖产品，而是给了用户一次满足的购物体验。

这也是为什么，当产品内嵌到场景，就能为用户提供体验价值，而一个系列关联的场景组合，则构成了商业生态。

2. 通过产品构建场景，布局商业生态

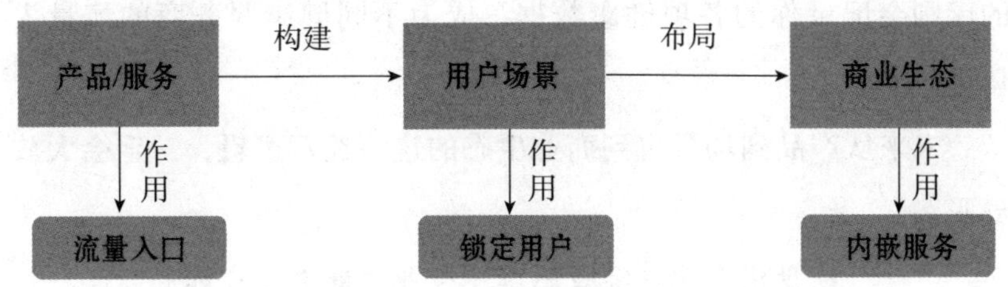

图 7－10 从产品到商业生态

图 7－10 的逻辑关系，我们用一个例子来解释就会很直观了。

拿微信来说，作为一款通信产品，它是一个巨大的流量入口。微信最初的版本就是给有即时通讯需求的用户提供一个工具。通过这个工具，微信首先构建起来一个朋友之间的沟通场景。

随着功能的复杂，例如朋友圈的增加，微信丰富了自己的社交场景；公众号的上线，让微信多了一个阅读场景，使微信带上了媒体属性；钱包功能的上线，又使得微信多了一个支付场景；如今小程序的上线，又让微信与诸多移动端 APP 的使用场景挂钩。

至此，微信有了沟通场景、社交场景、支付场景、阅读场景和移动端 APP 的使用场景。依托这些场景，微信开始布局它各个场景内的商业生态，例如朋友圈中的广告流、微信钱包中内嵌的第三方服务、小程序中带社交属性的游戏等。

这就是通过产品构建用户场景，再通过用户场景布局商业生态的逻辑关系。

其实不光是微信，小米也是通过高性价比的手机打开一个移动端的流量入口，通过手机作为智能家居的中枢，构建起智能化生活的场景。于是小米布局了从扫地机器人到空气净化器等一系列智能家居产品。

想象一下未来，你的冰箱不光帮你储存、保鲜食物，更会成为超市的流量入口；而你的试衣镜会成为服装品牌的流量入口；你的床则会记录你的各项健康数据，成为不同健康服务商的流量入口等。

未来从产品到场景再到商业生态的这一经营逻辑，一定会大放异彩。

U 盘化人才：经营思维 + 专业化能力 + 在线

对于蜂窝状组织来说，它最基础的动力单元是组织中的 U 盘化人才。

U 盘化人才的概念最初由罗振宇提出，他指出未来的复合型人才要能够像 U 盘那样“自带信息，不装系统，随时插拔，自由协作”。这是属于未来人才的一种生存方式，即不依附于某一固定的组织，而是通过贡献自己的价值来换取回报。

根据相关统计数据的预测，到 2020 年我国将有 40% 以上的自由职业者，可以说 U 盘化生存在未来或将成为趋势。

在蜂窝状组织中，自由职业者会以外部资源的身份参与蜂窝状团队的价值创造过程，例如专业的设计师、研发人员、营销专家等。对于蜂窝状团队来说，它也是因“用户价值的创造”而聚合，根据“应用场景的消失”而解散的项目制团队。所以不同的人才会被聚合在一起共同实现一个目标，当目标完成人才又会重新被聚合到新的项目团队中。

因此，在蜂窝状组织中，人才的流动非常频繁，所以对人才的适配工作就会变得十分重要。然而想要做好适配，先得找对人才。

张瑞敏表达过一个海尔的人才观，非常适用于蜂窝状组织。他是这么说的："海尔不是让所有员工成为创客，而是让愿意成为创客的人成为员工，或者成为海尔的在线员工。"

企业想要转型为蜂窝状组织，不是让所有的员工成为U盘化人才，而是让能够成为U盘化人才的人成为员工，或者对接外部的U盘化人才，使其成为在线的员工。

要成为U盘化人才，员工需要具备以下三种特征：

1. 经营性思维

经营思维的第一层面是具有用户思维。用户思维的本质是一种同理心。当面对外部用户时，员工能够通过构建用户场景来感受用户的感受，在用户场景下挖掘用户问题和用户痛点，想用户所想、虑用户所虑。据说优秀的产品经理能在几秒内切换到用户的思考模式，从用户的角度出发思考问题。

当面对内部的团队成员时，员工能够做到换位思考，虑他人所虑、急他人所急，在团队协作时能够相互扶持，彼此帮衬，共同完成既定目标。

经营思维的第二层面是具有产品思维。产品思维的本质是以价值为中心的交付思维。当面对用户交付解决方案时，该方案要能够解决用户的实际问题，帮助用户实现理想状态；当面对工作交付结果时，不是要看完成了哪些事项，而是要看和谁一起创造了有价值的成果。

经营思维的第三层面是具有成本意识。成本意识的核心是有效投入和有效产出，这是经营思维最重要的一个层面。我们讲蜂窝状组织所追求的一个组织能力是群策群力的全员经营能力，其核心就是每个员工都具备有效投入和有效产出的思维能力，因为所有的经营都是在有限的资源条件下，创造出更有价值的产出。

2. 专业化能力

我们对能力做出过定义，当一个人能做成某件事，我们就会评价他具有某方面的能力。因此，专业化能力指的就是一个人在某一领域能够持续不断的打磨与精进，并产出结果的能力。

今天我们常听到一个的词是“匠人精神”。之所以有人能够择一事，终一生，完全是在细节上不断的精进和打磨，因此，这种匠人精神就是对专业化能力最好的诠释。

俗话说，台前一分钟，台下十年功，只要对一件事有足够的投入和聚焦，就一定会取得超凡的成就。

过去我们谈到能力时，常提到的一个概念是木桶理论。木桶理论认为一个人或者组织的能力，取决于短板。但是在互联时代，我们会更推崇长板理论，因为你的短板，会由别人的长板补上。

以己之长，补他人之短，这就是协作的前提。

所以未来的团队一定是成员各有所长，互相配合，在共同目标的指引下来完成目标，创造价值。

3. 在线

U 盘化人才的第三个特征，是“在线”。

如果把商场比作战场。那么你的员工就是你的“兵力”。想要打好一场仗，你就需要排兵布阵，就需要研究不同兵种之间的协作与配合，以期做到最理想的输出。

阿里巴巴创始人马云曾经说过，每年公司的三个会议是他必须要参加的，一是战略会；二是财务预算；三是人才盘点。因为只有做到了对现有人员的了解，才能知道公司能打什么仗。

过去人才盘点无法凸显价值，是因为企业的人才盘点往往具有滞后性，如今借助信息技术的发展，企业对人才可以做到全方位、多维度的及时化管理。人才的各项素质能力可以全部被标签化之后，上传到企业的云平台。通过平台的操作界面，企业可以实时掌握组织中的各种人才信息。

因此，人力资源“云端管理”将成为未来的趋势，员工也将从“在册”转变为“在线”。

而当员工“在线”之后，组织才能有效地根据经营目标，适配相应的人才组成相应的团队，来共同面对用户需求，创造用户价值。

综上所述，U盘化人才所具有的三个特征分别是经营思维、专业化能力与在线。而在这三个特征之上，则是U盘化人才首先要做到对组织价值观的认同。

一个员工如果缺乏经营思维，他可能交付不了令人满意的结果，但经营思维可以培养；一个员工如果缺乏专业化能力，他可能处理不了具体的问题，但这可以学习；但如果一个员工不认可组织的价值观，他毁掉的将是整个团队的协作氛围。

所以对于U盘化人才来讲，先是要认可并践行组织所倡导的价值观，他的能力和思维才能为组织所用，组织才能通过在线管理的手段，将合适的人匹配到相应的团队中。

在实践中，阿里巴巴、华为等公司都将价值观的考核纳入了组织的绩效考核当中，因为对于企业来讲，价值观是组织能够正常运行的底层逻辑，容不得半点马虎。

（二）价值分配机制：三核驱动的分配逻辑

对于组织的价值分配，最理想的状态是“干多少事，拿多少钱”。

这看起来很简单的一句话，实际上却很难操作。首先是如何给“事”定价？标准是什么？其次，假如可以给“事”定价，那么这些事能否覆盖经营管理中出现的各种状况、问题和例外？最后，即使可以给“事”定价，并且可以被定价的事能够涵盖组织经营管理的方方面面，那么操作起来也要花费巨大的管理成本，并且过程中收集的数据也不一定准确。

所以理想很丰满，现实却很骨感。

阿米巴模式的做法是，既然给的钱是固定的，那么就从“事”的角度出发，通过效率核算的方式鼓励员工单位时间内的产出。我们在第三章说过，阿米巴模式化小了经营单元，每一个经营单元都按照利润中心的模式进行核算，通过产出减去相关的成本与费用，得到这个经营单元的利润，再除以这个经营单元所有员工的工作时间，就得出这个经营单元的单位时间效率。

在传统的阿米巴组织中，经营单元之间的单位时间效率是公示的，这就导致了不同经营单元之间的比拼赶超，只不过员工效率的提升与报酬的多少并没有强联系。

因为在稻盛和夫的经营哲学中，员工之所以努力工作，是因为热爱工作、是因产出和效率的提升能获得成就感、是因为敬天爱人的精神，如果一旦把员工的这种成就精神与报酬挂钩，就会失去激励的作用。

与传统阿米巴模式从“事”的角度出发不同的是，华为虽然也化小了经营单元，但是华为是从“钱”的角度出发，强调让奋斗者有所回报，不让雷锋吃亏。

作为公司的创始人，任正非只有差不多1%的股份，其余99%的股份都为公司的员工持有。不过华为强调“分好钱”，也更看重“分对钱”。在实践中，股权激励的设计只是基础，对于谁能分多少钱、分多少股，华为有一整套的干部管理机制：通过严谨的岗位管理体系、科学的任职资格体系，以责任和结果的考核体系设计，再配合上周密的股权计划，使得干部能上能下，股权能进能出。作为华为的员工，只要你肯奋斗，就一定有丰厚的回报，只要你开始懈怠，丰厚的回报就会离你而去。

然而与阿米巴模式和华为模式都不同的是，海尔在“事”和“钱”这两个维度上，都赋予了“弹性空间”。

海尔分配机制的核心有两个词：一个是“事前算赢”；另一个是“事中关差”。

事前算赢指的是在海尔的小微团队在确定好经营目标后，平台的财务人员会帮助团队做好预算，并和团队从市场结果和用户价值两个维度出发协商预酬，并签署跟投或者对赌协议。说得通俗一点，就是海尔从高到低给团队所能创造的价值分了A、B、C、D四个档次，团队说我能用X的成本创造B的价值，你能不能分我Y的报酬？海尔说好，那我们来签个协议，你要真能按你说的用X的成本创造B档次的价值，我就分给你Y，但如果不能，你可能只会拿到最低保障。

这就是海尔的“事前算赢”。而海尔的事中关差指的是在确定用X的成本创造B档次价值的目标后，团队就要把实现该目标的计划分解到周，再分解到日，通过日事、日清、日高体系来关闭与目标的差距。海尔的日清体系之所以能做下来，是因为目标实现过程中的这些责任、事项以及关键节点的结果交付都会与薪酬挂钩，做到了就能把“预酬”变为“现酬”，做不到又不能及时关闭差距的话，“预酬”就会变为“没酬”。

所以海尔的分配机制，是“事前算赢”和“事中关差”双核驱动的分配方式。对于蜂窝状组织来说，这种双核驱动的分配方式显然更适宜。但阿米巴模式的单位时间核算机制与华为的目标责任分配机制也不失为过渡中可以选择的有效模式。毕竟从经营结果来看，京瓷、KDDI与华为在各自的领域都取得了不俗的成就，也很少听到说有人对华为的薪酬分配不满意。

然而可以看得出，海尔的这种双核驱动的分配机制需要投入大量的管理成本来实现。这种管理成本的降低，只能靠系统的不断优化、流程的不断优化来降低，这就是为什么许多公司学海尔，只是学到了皮毛，且常常半途而废。根本原因，就是模仿的理念不通、方法不对，导致前期承担了大量的管理成本，又看不到效果，所以只能放弃。

毕竟，海尔是在现有组织运行模式改变的基础之上，才有的分配方式的改变，这个逻辑关系，不能颠倒也没法颠倒。

如果把组织的分配方式说的再通透一些，员工之所以依附于某个组织工作，无非是通过某种契约关系参与到了组织价值创造、分享价值回报的过程。只是对价值的衡量不单单是“钱”的维度，因为组织维系与员工的契约关系（见图7－11）。

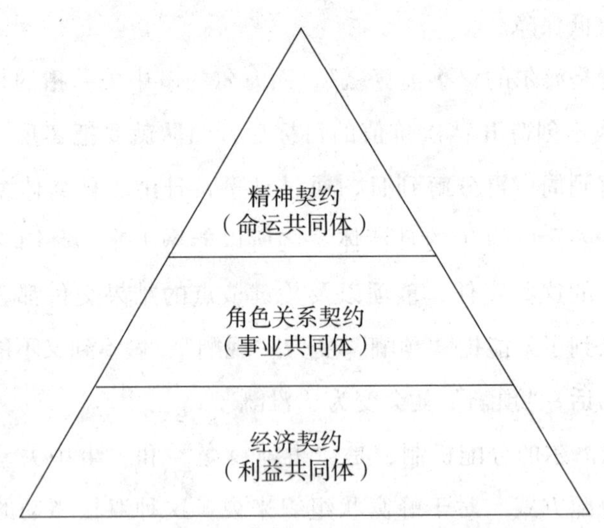

图7－11　组织与员工的三层契约关系

组织与员工维系关系最基础的契约是经济契约，也就是之前讨论的组织如何让员工“做好事，分好钱”的内容。经济契约是其他两个契约的基础，但不是绝对的基础。

在经济契约之上，是员工参与到组织后的角色关系契约。角色关系契约指的是员工在组织中，由于共同的事业而承担不同的角色，从而与他人建立起来的正式与非正式的关系。通过不同角色关系的建立与联系，大家为了一致的目标创造价值，分享基于“成就感”的回报。

在角色关系契约之上，是组织中的精神契约。精神契约指的是组织中的成员基于共同的愿景和使命被凝聚在一起，从而奉献自己的价值，分享基于“美好未来”的愿景回报。例如在我国的一些航天科研机构中，员工的工资并不是很高，研发的东西也不是短期能看到结果的那种，过程中的挫折、困难肯定不少，但是这样研发人员所投入的热情和精力常常达到忘我的状态。这是因为他们看到的，项目一旦研发成功，就是一件为国争光的壮举，而他们也坚信有成功的那一天。

这就是对于美好未来的愿景。

与此相反的，是许多企业大谈使命和愿景，员工却毫无感觉，因为企业连最基础的经济契约都没法保障，何谈未来的美好?

因此蜂窝状组织的分配方式，是以经济契约为基础，为员工“分好钱”；以角色关系企业为助力，让员工分享“成就感”；以精神契约为牵引，让员工分享对于“美好未来的愿景”这三核驱动的分配逻辑。

第八章　蜂窝状组织与企业未来的生存方式

张瑞敏说过："没有成功的企业，只有时代的企业。想要成为时代的企业，首先是观念的革新。"未来是万物互联的时代，社会资源的配置效率在技术的加持下会得到突飞猛进的增长，互联网的马太效应也会愈发明显。对于企业来说，要么能够为目标用户提供差异化的价值，要么只能无奈出局。物竞天择、适者生存的丛林法则将会在商业世界愈演愈烈。

蜂窝状组织上的设计，只是赋予企业一种以用户为核心的组织运行逻辑。企业想要依托蜂窝状组织取得经营上的成功，还需要解决的两个基本问题是：①企业如何竞争？②企业如何发展？

一、企业的两种竞争战略

对于企业竞争战略的研究可以说是汗牛充栋、琳琅满目。这里基于在论述蜂窝状组织中提到的逻辑，为企业的竞争战略，提供以下两个参考。

（一）占领头部资源

资源决定企业能够发挥出怎样的能力，能力的发挥和迭代决定了企业可以创造怎样的价值，价值的创造才能为企业带来回报。面对即将到来的互联时代，企业可以占领的头部资源有以下三种：

1. 用户

越来越多的企业意识到，既然我生产的产品是在为用户创造价值，那么为什么不能把用户纳入产品的研发与制造过程中呢？这样随之而来的产品，是企业和用户共同创造的，用户没有理由不喜欢，更没有道理否定。

企业同时也意识到，我卖的不是产品，而是对用户的服务。企业出售产品/服务的目的不是完成交易，而是建立关系。通过关系的建立和通过应用场景的建立，企业可以布局更大的商业生态。

因此对于企业经营来说，用户是非常重要的资源，而用户可以被分为三类：受众、消费者和粉丝。

受众指的是企业通过产品/服务可以触达的潜在用户群体；而消费者则是在能够触达的潜在用户群体中与企业发生实际交易的人；粉丝则不仅与企业发生交易，更是企业产品/服务的簇拥者与品牌的传播者。

无论是现在还是在未来，无论环境如何变化，只要企业能够牢牢握住核心的粉丝，就应该能生存的不错。

2. 行业标准

所谓行业标准指的就是企业在某一领域成为最佳实践，例如人工智能领域的谷歌、数据库管理领域的甲骨文、云计算领域的亚马逊等。

行业标准的背后，是行业人才的聚集。这些公司之所以能在相关领域独领风骚，是因为背后强大的研发资源，因此高素质的研发人员就成了这些企业建立行业标准的重要依托。

但实际上，行业标准的建立，并不都是需要强大的研发资源。只要企业所建立的最佳实践能够在这个行业内被认可，并且能够通过转让服务来帮助企业获利，那么企业的这个最佳实践，就是行业标准。

例如绝味鸭脖在熟食的冷链配送上建立起一套服务标准和配送

网络，使得以往和绝味鸭脖处在同一个行业的公司就不再是竞争关系，而是合作关系了。通过配送标准的建立，绝味鸭脖可以扶持那些较小的熟食企业来共享配送网络，进而共创用户价值。

3. 产业协同网络

产业协同网络是企业可以占领的最后一个头部资源。对这个资源的解释，需要我们再来看一下图 8－1 企业经营逻辑图。

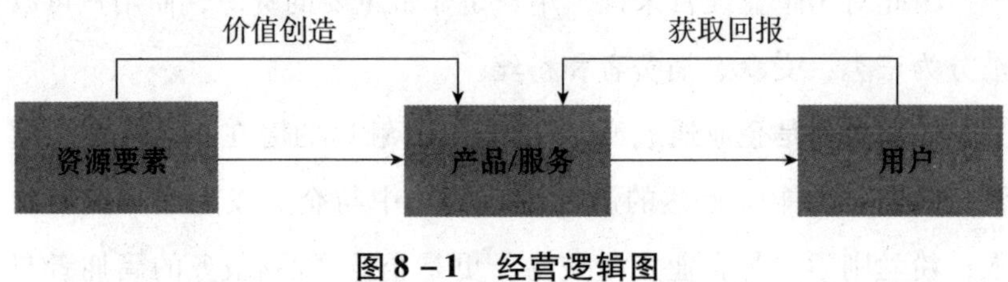

图 8－1　经营逻辑图

过去十余年互联网技术的发展，使得企业可以将用户这一重要资源纳入到产品/服务的研发、生产和传播的体系当中。然而预测未来 5～10 年互联网技术的发展，能够被纳入企业经营体系并发挥巨大能量的，是资源要素端的产业互联。

无论是制造业、农业还是服务业，所有业态中的企业要么入网、要么消失。未来企业创造价值的方式绝不是单打独斗，而是建立从产业互联到用户互联的商业生态。唯一的区别是大企业成为网络，而小企业成为节点。

（二）与其更好，不如不同

这句话是混沌大学创始人李善友教授在一次公开演讲中提出来的，用来描述企业的竞争战略理念，再合适不过。

竞争的目的不是要打败竞争对手，而是要在用户的选择中胜出。

想要在用户的选择中胜出，企业完全不用沿着过去的产品价值曲线做到更好，而是可以通过做的不一样，来开辟一条新的价值曲线。这就是克里斯坦森教授所谓的颠覆式创新。

苹果在 1997 年有一句广告词叫作“Think Different”，乔布斯时代的苹果，很好地印证了这句话。当苹果推出 ipod 的时候，其实它不是第一个在市场上推出便携式电子随身听的企业，但是与其他电子随身听不同的是，苹果推出了 iTunes，使用户对喜爱的歌曲可以“找得到，能下载”。于是搭载 iTunes 的 ipod 一炮而红，远远地甩开了竞争对手。

当年苹果推出 iphone 时，对它的定义也不是一台信号更好，续航更强的通信设备，而是一台能打电话和能听歌上网的移动数码终端。

其他颠覆式创新的例子不胜枚举，只不过在乔布斯归来后苹果的崛起最具代表性，因为那段时期的苹果真正做到了持续创新、与众不同。

二、企业的三种发展方式

企业的发展一定伴随着组织规模的扩大，但组织规模的扩大不一定就意味着企业得到了发展。企业的发展一定要可持续，想要做到这一点，有以下三种方式可供参考。

（一）基于核心能力的模式拓展

在零售业利润集体走低的环境下，作为一家门店人均利润比肩阿里巴巴的企业，7 - 11 便利店的成功之道基于核心两个能力：①数据一体化的运营能力；②门店赋能管理能力。

通过数据一体化管理，7 - 11 便利店将日本两万多家夫妻门店，148 家物流公司和 170 家生产企业连接成网；通过数据一体化管理，7 - 11 便利店可以做到门店的单品管理，哪个产品卖得好，哪个产品卖得不好，通过后台的数据一目了然；通过数据一体化管理，7－11 便利店可以将生产、物流等信息及时准确的分发给合作机构，极大地提升了门店的配送效率。

通过门店赋能管理，7－11 便利店的单店能够做到日均 4 万，远超行业其他企业。在 7－11 便利店有一个非常重要的岗位叫作 OFC（首席运营专家），该岗位大约有 2500 人，其中每一个人管理 7－11 便利店的 10 家店，针对这家店的经营状况不断做出改善。因为 7－11便利店与其门店经营者是通过利润分成制捆绑在一起的，所以 7－11便利店运营的核心逻辑就是通过赋能单店，共享回报。

综上所述，7－11 便利店每开一家新店，背后都是数据一体化管理和门店赋能管理这两种核心能力的复制，这就是所谓的，基于核心能力的模式拓展。

所以，当企业要扩大规模时，首先应当考虑的是，有没有能够复制的模式？背后有没有支持模式复制的核心能力？

企业的第二种可持续发展方式是改变资源的利用方式，企业的第三种可持续发展方式是基于场景创造价值，这两种方式在前文已经出现过，这里就不再赘述。

第九章　经营要结果　管理管过程

一、不确定环境中的确定性

在本书的第一章，我们提出了一个问题：我们所处的商业环境真的是即不稳定又不确定，复杂且模糊么？

随着互联时代的到来，产业内的生态结构会变得更加复杂；行业内的竞争关系也变得更加模糊、多元化；而人文环境也将呈现出一种主流文化跃迁，亚文化多点开花的局面。

是的，我们的所处的商业环境即不稳定又不确定，复杂且模糊。但只要组织还想存续与发展，经营的作用就是要在不确定的环境中，提供确定性。

大旱之后更容易存活下来的不是那些长势旺盛的植物，而是那些抓地更深的植物。对于企业经营来说，你的产品就是你的“根”，你的用户就是你的“土壤”，用你的产品牢牢抓住用户，这就是经营的确定性。

当年对互联网商业环境不确定性的讨论甚嚣尘上时，亚马逊首席执行官贝佐斯就曾表示过，他经常被问到的一个问题是：“未来十年，会有什么样的变化？”但令他疑惑的是少有人问：“未来十年，什么是不变的？”

在贝佐斯看来，第二个问题要比第一个重要得多，因为亚马逊的整个经营战略是建立在未来十年，什么是不变的基础之上。

对于亚马逊来说，未来十年技术会变、竞争对手会变、竞争方式与竞争环境都会变，不变的，是用户在亚马逊的购物，依旧会期望多样的选择、便宜的价值和快捷的配送。

这些不变的因素，就是亚马逊能提供给用户的确定性

如今十余年过去，由于对“确定性”的聚焦，使得亚马逊的市值已然突破万亿美元，全球付费用户也超过1亿，2017年的净利润也超过了30亿美元。

找到你经营中的确定性，聚焦并坚持下来，这就是成功的捷径。

其实不光亚马逊。对于苹果来说，它为用户提供的确定性是稳定、流畅的操作系统和产品的设计感；对于可口可乐来说，它为用户提供的确定性是经典的口味；对于海底捞来说，它为用户提供的确定性是服务；对于7－11便利店来说，它为用户提供的是便捷和品质。

如果说哪一天苹果不能够向用户提供流畅的操作系统和简约美观的产品设计；可口可乐向用户兜售的产品不再具有那种经典的胃口；海底捞没了以往的服务；7－11便利店开店的地方不再便捷、售卖的东西失去了品质，那么用户就会离开，并且连招呼都不会打一声。

大到跨国公司的经营，小到一个作坊的经营，都逃不过这样的规律。

大约一年以前，我住的附近开了一家包子铺，不到一年的时间，这家包子铺就不见了踪影。刚开业的时候，这家店的生意真的不错，他家的包子，皮有韧劲，馅料饱满、新鲜，调味也恰到好处，因此有段时间每天的早餐就是这家的包子。

过了没多久，街对面就开了一家卖小笼包和三鲜米线的早餐店，再后来离这家包子铺50米远的地方又开了一家卖胡辣汤的小

店，到最后就在包子铺的隔壁又出现了一家卖煎饼的小店。这些店我都去过，感觉还是包子铺的包子好吃。

然而没过多久，这家店的包子就变了味。先是包子皮没了韧劲，然后馅料也不再那么紧实、有味道。虽然价格还是原来的价格，但包子却不再是之前的包子。我不知道这家店老板的经营理念是什么，但新开的这几家早餐店确实给包子铺老板的经营带来了压力。

客源的分流、租金的压力、物价的上涨让老板没了经营的方向。或者说从一开始，老板就是想凭借一门手艺赚点钱。既然是为了赚钱，如果不能给包子涨价，就只能在包子的成本上下功夫。因此这家店的包子越来越难吃，于是买一次，失望一次。

说实在的，那家米线店和胡辣汤店的东西不好吃。所以没过多久，胡辣汤小店变成了扯面店，米线店被转租出去，再后来包子铺也不在了。只有煎饼铺到现在依旧还在经营，虽然不是那么好吃，但一直还是那个味道。

从包子铺的故事里我们可以得到这样一个启示：盯着竞争对手，盯着利润，最后很可能落得和他们一样的下场。只有那些能够为用户提供确定性的企业，才能拥有更强的生命力。

经营要的是结果，想要结果就必须为用户提供确定性，对于所有企业的经营来说，大抵上都是如此。

二、管理的钟云二象性

这是一本关于“管理”的书，但写到本书最后一章的最后一节，我们依然没有办法为“管理”到底是什么，给出一个明确的定义。

也许管理本来就没法定义。

就像对于生命，我们没法做出准确的定义，只是知道生命的特征有哪些；就像对于艺术，我们也没法做出准确的定义，只是知道艺术的表现形式有哪些。

虽然我们给不出管理的定义，但管理的特征却可以用一句话来概括，那就是管理具有钟云二象性。

哲学家卡尔波普表达过一个观点，他认为世界上的事物、事情，甚至是人都可以被分为两种：一种是钟；另一种是云。

钟的内部是一个个布满紧密的零件，通过有序的连接形成动力的传导，最终体现到表盘上的精准报时。所以钟代表的，是“有序的运行”。而云就不一样了，它飘浮在空中，一会儿看起来像棉花，一会儿看起来像鱼鳞，一会儿又像前进中的羊群，所以云代表的，是“无序的变化”。

当管理的效率优化对象是组织时，组织是由内部的结构模块组合在一起，通过有序的连接形成动力传导机制，共同来实现组织功能。因此，组织代表的是“有序的运行”；当管理的效率优化对象是经营时，经营是面对用户需求，通过资源要素的转化来创新与创造出令用户满意的解决方案。因此，经营代表的则是“无序的变化”。

这就是管理的钟云二象性。

我们常说任何的管理问题都是一个系统问题，却从未对“系统”做出过明确的阐释。从管理的钟云二象性出发，这个“系统”一半是以“有序的运行”作为引等“无序变化”的要素。

实际上，管理钟云二象性的提出，正是为企业的管理提供了一个新的思考路径。从“钟”与“云”这两条思路出发看管理，一条研究组织内部的结构模块是如何各司其职，又精准有效的连接；另一条探索各资源要素是如何有效的转化，面向用户需求创新与创造。

参考文献

[1] 腾讯科技频道．跨界[M]．北京:机械工业出版社,2014.

[2]川合善大．3%法则[M]．叶静文,译．长沙:湖南科技出版社,2009.

[3]三谷宏志．商业模式全史[M]．马云雷,杜君林,译．南京:江苏凤凰文艺出版社,2016.

[4] 王东岳．物演通论[M]．北京:中信出版社,2015.

[5] 陈春花．管理的常识[M]．北京:机械工业出版社,2010.

[6] 施炜．管理架构师[M]．北京:中国人民大学出版社,2018.

[7] 斯坦利·麦克里斯特尔,坦吐姆·科林斯,代维·希尔弗曼,等.赋能:打造应对不确定性的敏捷团队[M]．林爽喆,译．北京:中信出版社,2017.

[8] 包政．企业的本质[M]．北京:机械工业出版社,2018.

[9]三矢裕,加护野忠男,谷武幸．稻盛和夫的实学:阿米巴模式[M]．刘建英,曹岫云,译．北京:东方出版社,2013.

[10] 胡八一．阿米巴经营会计[M]．北京:中国经济出版社,2017.

[11] 费雷德里克·莱卢．重塑组织[M]．进化组织研习社,译．北京:东方出版社,2017.

[12] 曹仰锋．海尔转型:人人都是CEO[M]．北京:中信出版社,2014.

[13] 王钦．人单合一管理学[M]．北京:经济管理出版

社,2016.

[14] 郝亚洲. 海尔转型笔记[M]. 北京:中国人民大学出版社,2018.

[15]黎万强. 参与感[M]. 北京:中信出版社,2014.

[16]纳西姆·尼古拉斯·塔勒布. 反脆弱[M]. 雨珂,译. 北京:中信出版社,2014.

[17] 小乔治·斯托克,托马斯 M 霍特. 与时间赛跑[M]. 陈劲,尹西明,译. 北京:机械工业出版社,2017.

[18] 查尔斯·汉迪. 第二曲线[M]. 苗青,译. 北京:机械工业出版社,2017.

[19] 彼得·德鲁克. 动荡时代的管理[M]. 姜文波,译. 北京:机械工业出版社,2009.

[20] 埃克里·施密特. 重新定义公司[M]. 靳婷婷,陈序,何晔,译. 北京:中信出版社,2015.

[21]里卡多·塞姆勒. 塞氏企业[M]. 师冬平,欧阳韬,译. 杭州:浙江人民出版社,2016.

[22]罗伯特·安东尼,维杰伊·戈文达拉扬. 管理控制系统[M]. 刘霄仑,朱晓辉,译. 北京:人民邮电出版社,2011.

[23]瓦茨拉维克,威克兰德,菲什. 改变[M]. 夏林清,郑村棋,译. 北京:教育科学出版社,2007.

[23]莎莉·霍格斯黑德. 迷恋[M]. 邱璟旻,译. 北京:中华工商联合出版社有限责任公司,2011

[24]W 钱·金,勒妮·莫博涅. 蓝海战略[M]. 吉宓,译. 北京:商务印书馆,2016.

[25]凯文·凯利. 失控[M]. 东西文库,译. 北京:新星出版社,2010.

[26]阿里·德赫斯. 生命型组织[M]. 北京师范大学教育学部学习与绩效技术研究中心,译. 北京:电子工业出版社,2016.

后　记

关于场景管理和蜂窝状组织，这本书实际上只写了一半。

因为任何新的管理模式的诞生都要经历两个重要的阶段：理论构建和实践反馈。这本书试图用简短的篇幅将场景管理的核心理论体系搭建起来，并为场景管理的落地设计了蜂窝状组织。然而，这些内容只是我们从管理与组织的变革趋势中所窥探到的端倪，至于这些端倪能泛起多大的涟漪，我们还需进一步在实践中摸索。

之所以将场景管理与蜂窝状组织的理论部分率先公布，也是希望阅读到这本书的管理者、企业家与学者们都能够参与到这场管理创新活动的共创当中，我们一起滴水成势，聚浪成潮。

总的来看，这本书在管理理论上的创新尝试集中在以下三个方面：

第一，这本书尝试用“场景”这一概念打造企业的经营管理体系。

传统管理对企业经营的支撑，是将其价值创造过程先割裂成不同的职能模块，例如前端面向用户与市场的营销管理、渠道管理，中端面向产品交付的生产管理、研发管理，以及后端面向组织的财务管理、人力资源管理等。

之后，为了使这些离散的职能能够有机统一，企业还需要打造三个体系，分别是战略导向的目标计划体系、执行导向的预算绩效体系以及起支撑保障的文化建设体系。

想让这套系统发挥作用，首先，各职能模块内的专业化分工、执行流程和结果评价要做到位，其次，三个体系内的关键要项、运行机制和协同效应要理清楚。因此，传统管理对组织的主要价值就是“体系理清，职能发挥到位”。

然而理清体系与职能发挥都没能有效解决的一个问题是：在外部商业环境复杂多变的趋势下，管理如何支撑组织的价值创新与创造？

想要解决这个问题，首先要对“价值”做出定义。

本书从组织视角出发，对价值做出了一个定义，即价值就是用户的支付意愿和动机。因为只有当组织所提供的产品/服务能够契合用户需求，满足用户期望，用户才有意愿和动机去支付，而用户的支付行为正是在与组织进行价值交换。

因此，管理不应该只局限在组织内的体系建设与职能发挥，而是要触及到组织外的用户，管理用户的期望，再由外及内地管理产品/服务的交付。

那么用户期望管理的切入点是什么？这本书给出的答案是用户场景。而管理产品/服务交付的切入点又是什么？这本书给出的答案是协作场景。

用户场景指的是用户与企业所提供产品从感知到使用等一系列的交互情景。书中指出随着商业的演进，用户场景在不断丰富，这一点从我们过去10年在衣食住行上发生的变化就可以看得出来。任何成功的产品，实际上都是占据了某一用户场景，并且在场景中满足了用户诉求，当不止一家企业想要占据同一用户场景时，竞争就会发生。

而协作场景的提出，是在强调组织交付产品/服务的过程，需要的是资源要素的聚合与协作。对于组织来讲，职能的存在不是为了分工，而是为了协作，而任何的协作，都是一个以问题为导向，以决策和执行为内核，以结果产出为目标的工作场景。

围绕着这些内涵与概念的论述和展开，本书提供了一个完整的管理体系——场景管理。

第二，这本书为场景管理的落地设计了蜂窝状组织。

蜂窝状组织有两部分主体构成：起协调和统筹作用的平台和以蜂群模式运作的团队。平台与团队的协同，形成了业务前端自组织，业务后端引导与赋能的高效率组织关系。

业务前端的蜂窝状团队核心的职能是通过用户交互以及解决方案的设计来管理用户期望，而业务后端的平台则是通过输出资源和运行机制来管理解决方案的交付。

实际上，蜂窝状组织是将组织的所有活动分成了两部分：一部分对外；另一部分对内。对外的部分要能直接与用户发生交互，例如研发、市场和销售。

对外部分要了解用户需要什么；市场上有什么；自己又能提供什么；并最终通过价值交换来为组织创造经营现金流。

对内的部分是在了解了用户要什么，市场上有什么，以及自己能提供什么后，来支撑组织持续的价值创造，例如战略规划、文化建设和人才管理。

当把组织分成这样的内外两个部分后，再来看待组织的经营与管理，就会发现经营就是通过资源要素的聚合来创造有价值的产品/服务，并通过与用户的交换来获得回报，而管理则是保障这一过程的效率和效益。

第三，这本书尝试界定了经营与管理的作用。

书的最后提出了两个概念：一个是经营就是提供确定性；另一个是管理具有钟云二象性。

管理的钟云二象性指出，管理一方面是在构建像钟一样精确的“标准”；另一方面则是在寻求像云一样柔性的“变通”。实际上许多的管理问题都可以通过这样的思考框架去求本溯源，找出解决办法。

而经营的确定性则是在说，虽然商业环境复杂多变，但经营的作用就是为用户提供确定性，例如海底捞的确定性是服务，苹果的确定性是流畅的操作系统与设计感等。诚然，找到经营中的确定性就是找到了用户的认知关键和企业的核心竞争力，然而对于经营来说，“确定”与“不确定”会同时存在，确定的是企业能够提供给用户的价值，不确定的则是用户需求的变化。

在复杂的商业环境中，“确定”与“不确定”，“变”与“不变”也许会成为企业经营与管理一直围绕的主题。